# 障害のある子を支える
# 放課後等デイサービス
# 実践事例集

一般社団法人全国児童発達支援協議会●編集

中央法規

# まえがき

　発達の初期段階から育ちにくさや育てにくさがあるとか、そのことを日々感じている子どもとその家族が近年わが国の子育て中の家族のおよそ1割にもなることは、われわれにとって公的なエビデンスからよく知るところである。

　いろいろな場で暮らす彼らへの発達支援、家族支援、地域生活支援は、医療・保健・福祉・心理・教育など様々な子ども関連領域での学際的な連携による支援を、スピード感とデリカシーをもって初期段階から、比較的長期に、また濃密に必要とする場合があること、さらにはそれによって支援効果も期待できる場合があることも確かなことである。

　一方、このような子育て支援は歴史的には1938年の三木安正による愛育研究所の開始とともに特別保育室での先駆的実践から始まり、その後の1947年に制定された児童福祉法とその後のいくたびかの改正を経て1960年代に通園型の障害児通所支援事業が本格的に始まって、今日の児童発達支援事業等に至っている。

　しかし、この間の障害福祉理念、施策はゆっくりと確実に図られてきたとはいえ、多くの国家的、国民的関心や財政的な裏づけはもっぱら第一義的には障害「者」とそれへの福祉支援で占められてきた。確かに施策はいかなる分野においても、とりあえずは最大多数の最小幸福が目標値に設定されるというのが世の常であるだろうと理解はしつつも、この間の進捗には児童期という少数派としての厳しい現実があったのも確かであろう。が、一見、遠回りで、もどかしいようなこれまでの道のりの一つひとつは発達支援の今があるための不可欠な学びと気づきの道程であると受け止めるべきだろう。

　そうした関係者の努力の成果として、今日では従来の医療モデル、箱もの福祉という center based な福祉のあり方から、生きる上での困難さのある本人を主体者として位置づけた community based な支援の考え方、あり方が推し進められようとしている。児童分野においては、それは2012年の児童福祉法の改正による「放課後等デイサービス」「保育所等訪問支援」「障害児相談支援事業」の創設、2014年7月に出された「気づきの段階」から子どもの育ち支援に取り組もうとする「障害児支援の在り方に関する検討会」の報告書に結実している。すなわち、これでこの約80年間の経緯を踏まえての発達支援の当面の方向性、体制が完成したといえるだろう。

　しかし、この制度が効果的で、利便性の高い内容にまで成熟するには今しばらくPDCAサイクルでの丁寧な検証作業が必要となっている。このような課題意識に基づいて、一般社団法人全国児童発達支援協議会は厚生労働省・障害者総合福祉推進事業等の助成を得ての研究と実態調査を継続的に実施してきている。このたび、それらの成果を光真坊浩史理事中心に出版企画し、発刊することになった。本書が関係者の日々の実践につながればと願っている。

2017年8月

**加藤 正仁**（一般社団法人全国児童発達支援協議会会長）

# 障害のある子を支える放課後等デイサービス実践事例集

まえがき

## 第1章 子どものための放課後等デイサービスを目指して

## 第2章 発達支援の実践例とそのポイント

**事例1** 〈衝動性への支援〉 ……………………………… ●16
勝敗にこだわらず、落ち着いて
生活が送れるようになるために
（ADHD、9歳）

**事例2** 〈子ども主体の支援〉 ……………………………… ●29
豊かな成人期の生活に向けて、地域や他機関での
連携を通し、「子どもらしい」育ちを支援する
（知的障害・自閉症、11歳）

**事例3** 〈第2の家の機能〉 ……………………………… ●41
長期休暇中の自然体験活動
（知的障害を伴う自閉症、9歳）

**事例4** 〈ソーシャルスキル〉 ……………………………… ●51
小集団の中で、気持ちや行動のコントロールを促す
（通常学級、通級に通う子どもたち）

**事例5** 〈ぷれワーキング（職場体験実習）〉 ……………………………… ●63
地域での社会体験の積み重ねにより、人とかかわる
喜びや自分がやりがいを感じることを見つけていく
（ダウン症、11歳）

# CONTENTS

**事例 6** 〈重症心身障害児の放課後支援〉 ●75
放課後を楽しく過ごせる居場所づくりと
家族の生活にゆとりを
（重症心身障害、7歳）

**事例 7** 〈不登校児への支援〉 ●87
学校との連携を通して本人を支え、
家族支援として母親をサポート
（自閉スペクトラム症、13歳）

**事例 8** 〈意思決定、余暇支援〉 ●101
自分の意思で活動を決定し、
生きがいをもって過ごせるように
（知的障害、12歳）

**事例 9** 〈地域交流活動〉 ●113
小集団での外出活動を通じた
社会技能習得の取り組み
（特別支援学級等に通う子どもたち）

**事例 10** 〈地域との連携〉 ●125
仲間との関係、社会との関係の中で育てていく
（発達障害、15歳）

**事例 11** 〈思春期支援、情動の調整〉 ●137
集団生活の中で、自分の感情や要求をコントロールする
ためのスキルを覚えながら、自立の準備を行う
（自閉症、17歳）

**事例 12** 〈自己理解、他者理解を深める〉 ●149
自己を表出し、他者との折り合いを
つけるきっかけづくり
（特別支援学級に通う、15歳）

著者一覧

第1章

# 子どものための放課後等デイサービスを目指して

## 01 学齢期支援としての「放課後等デイサービス」の役割

### （1）子どもにとっての「放課後」の意味と重要性

　「放課後」は、文字どおり「学校」を中心とした概念である。学校は、子どもが家以外で長時間過ごす場であり、年齢や発達の状況に応じた教育を受け、先生や友だちとの触れ合いを通じて成長する場である。学校教育の主目標は、人間形成のために必要な経験や知識の習得を通して「生きる力」を育むことにある。しかし、学校は時間、空間、人、活動等の枠組みが明確であり、それゆえ学べる内容や人間関係等に制限や限界があるのも事実である。

　一方、子どもにとって「放課後」は、学校が終わった（もしくは学校のない）時間帯に、子どもが主体となって、身近な地域の中で、友だちと時には一人で、遊びを中心に展開される。それは、非常に自由度の高い、時にはリスクを伴うものである。学校でも家庭でもない「場所」「人」「活動」を通して、子どもたちは今の自分を少し超えることにチャレンジし、自己や他者と相互交渉しながら、大人になるための、そして、この時期にしか獲得できない多くのことを学ぶのである。

### （2）障害のある子どもにとっての「放課後等デイサービス」の役割

　障害のある子どもにとって、放課後に地域の中で主体的に遊ぶことができる環境が整っているとはいえない。障害のない子どものように自ら考え自由に遊ぶことは難しく、また、部活動や障害のある子どもも利用できる習い事などの放課後メニューが十分に用意されているわけではない。特別支援学校に在籍している場合には、入寮したり遠距離通学をしたりすることがあり、その際には自宅のある身近な地域から分離されてしまっているのが現状である。

　平成24年に放課後等デイサービスが登場するまでは、障害のある学齢児への福祉的支援は「放課後」に焦点化されることなく、ホームヘルプサービスのような居宅における生活支援のほか、短期入所や日中一時支援などのような預かりや保護者のレスパイトを目的とした支援が中心だった。放課後等デイサービスの前身である「児童デイサービス」でも放課後支援は行われていたが、就学前「療育」と混在しており、「放課後」活動の意義や学齢児の発達課題への対応の必要性には言及されていなかった。

　放課後児童健全育成事業である「放課後児童クラブ」は、留守家庭の養育機能の補完をメインの役割としている。放課後児童クラブは「第2の我が家」ともいわれ、スタッフから「お帰り」と迎えられ、そこで宿題をし、おやつを食べ、友だちと様々な遊びや活動を通して育ち合う安心・安全な居場所として機能している。もちろん、障害のある子どもも

地域の放課後児童クラブを利用することができ、実際に障害のある子どもを受け入れる放課後児童クラブは増え続けている。しかし、①特別支援学校に通う子どもには対応しにくいこと（地域から分離されている、障害の重い子どもへのケアや人員配置ができないなど）、②障害や特性への配慮が難しいこと（大勢で過ごす場であり環境面や安全面での配慮が難しい、スタッフが専門的知識を持ち合わせていないなど）、③発達を考慮した活動が組みにくいこと（発達段階に応じた遊びや活動などを用意できないなど）などから、必ずしも障害のある子どもにとって最善の居場所となっていないのも現実である。もちろん、インクルージョンの推進の観点からは、障害のある子どもも地域の放課後児童クラブを活用することが望ましく、保育所等訪問支援等を活用して、障害や特性に応じた環境整備や活動を検討したり、スタッフの対応力向上を図ったりしている放課後児童クラブも増えている。放課後等デイサービスとの併用利用が可能であるし、放課後児童クラブでの活動が有効な子どもには放課後児童クラブへの移行も念頭におき、支援することも重要な視点となる。

　放課後の支援は、文部科学省事業である「放課後子供教室」でも行われている。放課後児童クラブの家庭機能の補完というよりも地域の異年齢の方々との交流等を通して、子どもとして当たり前の暮らしや昔ながらの遊びや経験を積み重ね、地域で豊かに生きていく力を育むことを目的としている。地域との触れ合いや子どもらしい遊びの経験が少なくなっている現代社会の歪みへの対応でもあり、これらの活動はすべての子どもにとって重要なものであることはいうまでもない。しかし、障害のある子どもへの配慮が十分ではないという点では放課後児童クラブと同様の課題を有している。加えて、両事業は対象を小学生までとしており、小学校を卒業しても支援が必要な子どもへの対応ができないという制度上の限界も存在している。障害特有の思春期課題への丁寧な対応や保護者支援、障害のある仲間との交流を通して自分の障害・特性を理解し、強みを活かせる機会を提供することも必要である。放課後等デイサービスは、障害のある子どもの権利を保障する観点から、放課後児童クラブや放課後子供教室では対応が難しい子どもに対して、障害や特性に配慮された居場所で、子どもが生き生き、のびのびと過ごせるようにしていくことに存在意義があるといえる。

## （3）子どもの権利保障からみた「放課後等デイサービス」

　放課後等デイサービスは、児童福祉法に定められた障害児通所支援の一類型である。児童福祉法は平成28年6月の改正で、「児童の権利に関する条約」の精神に則ることが明記された。したがって、放課後等デイサービスも障害の有無に関係なく子どもの権利保障という観点で、子どもの最善の利益を優先して提供されなければならない。

　子どもは、適切な養育環境で、生活を保障され、愛し護られ、成長・発達・自立に必要

な福祉を受けることができる権利がある。これらは、「受動的権利」といわれ、子どもが健やかに成長・発達する上で不可欠な基本的な権利である。これに加え、できる範囲で自分のことは自分で決めること、意見を自由に表明すること、休むこと、自由に仲間と集まって活動することなどの子どもが主体となって権利を行使する「能動的権利」も有している。

　日本では、古くから子どもは福祉の恩恵を「与えられる対象」としてみられ、そのように扱われてきた。しかし、これからは「権利の主体者」として子どもをとらえていくことが重要であり、視点を大きく転換させる必要がある。大人の前段階である学齢児を対象とする放課後等デイサービスは、支援や活動の企画においては、特に能動的権利の保障を柱におく必要があるだろう。

　児童の権利に関する条約では、子どもには、①生きる権利、②育つ権利、③守られる権利、④参加する権利の4つの権利があるとしている。障害のある子どもも基本的に障害のない子どもと同様の権利を有しているが、障害があるがゆえに権利侵害を受けたり、様々な経験ができないまま放置されたりすることも少なくない。したがって、放課後等デイサービスは、障害のある子どもが障害や特性、発達段階に応じた環境で支援や活動を提供し、一人ひとりが輝ける居場所となるよう、子ども期にしか味わえない、もしくは子ども期にこそ必要な遊びや体験、地域との交流を積極的に実践に組み入れていくことが重要になる。

## 02 放課後等デイサービスとは

### (1) 法的定義

　放課後等デイサービスは児童福祉法を根拠とし、第6条の2の2第4項で「この法律で、放課後等デイサービスとは、学校教育法第1条に規定する学校（幼稚園及び大学を除く。）に就学している障害児につき、授業の終了後又は休業日に児童発達支援センターその他の厚生労働省令で定める施設に通わせ、生活能力の向上のために必要な訓練、社会との交流の促進その他の便宜を供与することをいう」と定義されている。障害児通所支援の一類型であり、「発達支援」を行うことが条件となる。したがって、「預かり」をメインとする場合は、放課後等デイサービスとして給付費を請求することはできず、「日中一時支援」などの適用となることに留意すべきである（この場合、市町村から日中一時支援等の指定を受ける必要がある）。

## （2）障害児通所支援としての放課後等デイサービス

　放課後等デイサービスは、他の障害児通所支援と同様に「発達支援」を行う事業である。発達支援とは、①子ども本人への発達支援（狭義の「発達支援」）、②家族支援、③地域支援の3つの観点から構成される。これらは子ども支援においては分離されることなく一体的なものとして提供される必要があり（子ども支援における不分離の原則）、これは放課後等デイサービスにおいても同様である。

## （3）放課後等デイサービスにおける発達支援

### ①子ども本人への発達支援

　子ども本人への発達支援は、「育ちや暮らしへの意欲」「コミュニケーションする力」「生活する技術・技能」「自分で決めて、自分で選ぶ力」の4つを基本目標としている。

#### ア）育ちや暮らしへの意欲

　育ちや暮らしへの意欲は、自立していくためにはとても重要になる。これらは、"自分が愛されている"という安心感、"自分が認められている"という自信、"自分でできた"という達成感や満足感、"自分は誰かの役に立っている"という効力感や有用感から育ってくる。これらは就学前から培われていくべきものだが、学齢期においても引き続き大人になるための土台固めが必要となる。放課後等デイサービスが子どもにとって安心・安全な基地となるよう心がけることが重要である。

#### イ）コミュニケーションする力

　コミュニケーションとは、音声言語に限定されない。言葉がなくても、子どもは視線や表情、筋肉のちょっとした動きなどで多くのことを伝えてくれる。支援者は、その発信を敏感に読み取り、子どもの気持ちを代弁するなどして機会あるごとに本人の意思を確認し

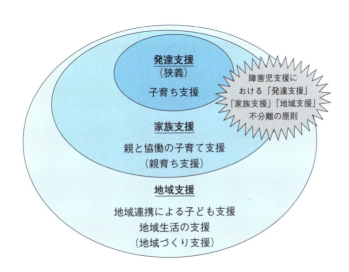

ながらかかわることが大切である。スタッフも子どもたちに対してしっかりと言葉やサイン、眼差し、具体物の提示などで思いを伝えることが必要である。

### ウ）生活する技術や技能

　これまでの発達支援は、発達や学習の課題に対して個別または集団での指導を積み重ね、必要なスキルの獲得が自立した生活につながると考えられてきた。それ自体は否定されるものではないが、例えば、計算ができても買い物ができないのでは意味がなく、逆に地域で暮らしていくには計算ができなくてもお使いができるほうが自立的な生き方といえる。したがって、生活技術（ソーシャルスキル：social skill）に加え、それらを駆使し楽しめる能力（ライフスキル：life skill）を育てていくことが重要になる。放課後等デイサービスは、まさに、生きた教材のある地域の中で展開される事業であり、ソーシャルスキルやライフスキルを育てるには最適な実践の場といえる。

> 　世界保健機関（WHO）は、ライフスキルを「日常の様々な問題や要求に対し、より建設的かつ効果的に対処するために必要な能力」と定義している。WHOは、ライフスキルの最も重要な項目に、①意思決定能力、②問題解決能力、③創造的思考、④批判的思考、⑤効果的なコミュニケーション能力、⑥対人関係の構築と維持能力、⑦自己認識、⑧共感する能力、⑨感情を制御する能力、⑩緊張とストレスに対処する能力を挙げている。

全国児童発達支援協議会監，宮田広善・光真坊浩史編著『障害児通所支援ハンドブック　児童発達支援　保育所等訪問支援　放課後等デイサービス』エンパワメント研究所，2015

### エ）自分で決めて、自分で選ぶ力

　どんなに重い障害があっても、自分で決めて自分で選ぶことは能動的権利保障の観点からも重要である。自分の意見を言うことは難しくても、選ぶことは小さい頃からの積み重ねにより身につけることができる。知的や精神に重度の障害のある子どもであっても可能であるということを意識して活動に取り組んでいくことが重要である。様々な経験を積むこと（経験しないことはわからないし決められない）、あらゆる場面で「選ぶ」機会が保障されていること（「選ぶ」経験が「決める」ことにつながる）、意見を自由に言え、間違っていても批判されずに聞いてもらえる経験（「意見表明権」）が何よりも重要である。現在、障害のある大人の支援において「意思決定支援」が最重要課題の１つになっているが、意思決定のベースをつくるためには幼少期から大人期へと連続する「学齢期」においてこれらのことがしっかり取り組まれていなければならない。

### ②家族支援

　放課後等デイサービスにおける家族支援は、「放課後児童クラブ」のように保護者の就労保障や留守家庭の養育機能の補完という側面もあるが、子どもが最大限に成長・発達できるようその基盤となる家庭生活や親子関係を支援する子どもを中心とした概念であるこ

とを理解しておく必要がある。保護者が子どものことを心から愛おしいと思え、また、様々な発達課題を乗り越えなければいけない激動の思春期を子どもとともに、時には一定の距離感を保ちながら見守れるよう支援する。放課後等デイサービスは、必要以上に預からないようにするなど家族が本来もつ養育機能を奪うことなく、保護者とも十分にやり取りしつつ保護者としての役割を担っていただけるようエンパワメントの視点をもって支援する。一方、保護者自身が被虐待体験やDV被害、精神疾患等を有することも多く、子ども家庭センターや要保護児童対策地域協議会など関係機関と連携しながら保護者に寄り添っていく姿勢が大切になる。

　なお、家族支援は保護者だけではなく祖父母やきょうだいも対象になる。特にきょうだいも一人の子どもとしてその子らしく育っていけるよう、一緒に参加して活躍できる活動・行事メニューを企画したり、きょうだい同士が集まり、語らいや余暇を楽しめる場をセッティングしたりする工夫も大切である。

### ③地域支援

　地域支援は、インクルージョンの推進の観点からも欠かせない。地域にある企業とコラボして小さい頃から働く体験を通して誰かに感謝されるという経験をしたり、地域の第一人者に余暇活動の講師をお願いしたりと、地域支援は単なる情報共有にとどまらず、「地域の機関と一貫・分担した支援」「地域へ出向いての支援」「地域の人材（強み）を活用した支援」「地域と交流する支援」など、地域と積極的につながって活動することが大切である。決して、地域の関係機関を指導するとか地域住民への障害の理解促進を図るといった上から目線の一方向のものではないことを理解しておく必要がある。

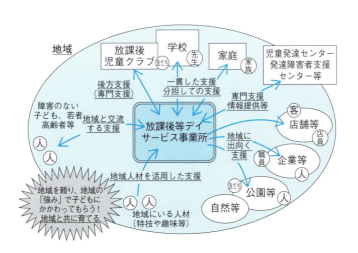

# 03 学齢期の子どもの理解

## （1）発達ニーズの把握（アセスメント）

　先述のように放課後等デイサービスは「発達支援」を行う事業である。発達支援を行うには、子どもの発達ニーズを適切に把握し、発達ニーズに応じた支援内容や活動を創造する必要がある。発達ニーズ把握とは、単に「遊びたい」「楽しみたい」といった欲求や要望だけではなく、子どもの障害や特性、発達段階、学齢期特有の発達課題などの正しい理解に基づいて、生きづらさや不適応等の背景にある要因を分析し、子どもの成長・発達にとってどのような遊びや活動、環境が必要なのかということを判断することである。発達ニーズに基づき個別支援計画を作成するとともに、計画に掲げられた目標を達成するために日々の生活や活動のプログラムに具体的に落とし込んでいくことがとても大切になる。

## （2）障害特性と活動

　厚生労働省（2016年）によると、放課後等デイサービス利用児の主たる障害種類別の割合は、「発達障害」が53.5％と最も高く、次いで「知的障害」が28.1％、「肢体不自由」が6.1％だった（「平成27年度障害福祉サービス等報酬改定検証調査」の「6－2．障害児支援の支援内容及び質の評価に関する実態調査（放課後等デイサービス）」）。インクルージョンの観点からは、なるべく様々な障害種別の子どもを受け入れることが期待されており、そのためには障害・特性およびその対応についての基礎知識を学んでおく必要がある。特に、利用が急増している発達障害についての理解は不可欠である。

　国は通知で放課後等デイサービスの不適切事例を示している。「タブレットで動画を見せているだけ」という事例は、従業者が支援していないという点で不適切だが、発達障害の無理解や誤解が根底にあったことも否定できない。発達障害のある子どもは情報機器の取り扱いが得意で、視覚的な情報入力に親和性が高いという特徴があるため、タブレットに没頭させておけば本人が喜び、集団としてもトラブルが起こらない活動だったのかもしれない。しかし、何より事業所が「発達」の視点をもたず、子どもの成長・発達にとって本当に必要な活動とは何かという検討を十分にしなかったことが最大の問題点である。

　現在、発達障害に限らず知的障害や身体障害、医療的ケアの必要な子どもたちが増えており、身近な地域で放課後を安心・安全に過ごせる居場所として放課後等デイサービスの役割はますます重要になっている。障害や特性の基礎知識を学ぶことは必須だが、実際には特性の種類や出方は子ども一人ひとり異なる。そのため支援経験が少ない事業所は、発達アセスメントを実施したり特性に応じた活動を検討したりする際には、発達障害者支援センターや地域支援機能のある児童発達支援センター、医療機関、特別支援学校や教育セ

ンター、児童相談所などの専門機関に積極的に協力を求めることが必要である。また、利用開始時やモニタリング時にかかわることになる障害児相談支援事業所と協働して個別支援計画や活動プログラムを検討することも考えられる。

## (3) 学齢期の子どもの特徴

学齢期は、小学校までの「学童期」と中学校以降の「思春期」に大別される。エリクソンの発達段階説では、乳児期では特定の養育者との基本的信頼感の獲得が、幼児期では自律性の獲得が課題となる。学童期に入ると積極性や生産性の獲得が発達の課題になり、うまく獲得できないと罪悪感や劣等感を抱きやすくなることが指摘されている。思春期以降は同一性の確立が課題となり、「自分とは何か」について考えていく大切な時期に入る。

**ライフステージに沿った発達の特徴**

| 支援の視点 | 学童期 ──────▶ 思春期 ──────▶ (移行) |
|---|---|
| 発達支援 | ・生産性(勤勉性)、有能感(とりえ)の獲得<br>・成功体験の積み増しによる自己肯定感の育成(支援つきの試行錯誤等)<br>・自己理解、他者理解<br>・仲間形成<br>・自己表現方法の獲得<br>・自己コントロール(パニック時など)方法の獲得 |
| ソーシャルスキルの獲得 | ・小集団における社会性の芽生え<br>・集団における行動スキルの獲得<br>・個別のソーシャルスキルの獲得 |
| 余暇支援 | ・好きな遊びを見つける<br>・趣味や嗜好を広げる<br>・趣味を確立する |

厚生労働省「障害児通所支援の今後の在り方に関する調査研究報告書」平成26年3月

**放課後等デイサービスの支援機能**

| 支援の視点 | 学童期 ──────▶ 思春期 ──────▶ (移行) |
|---|---|
| 本人支援 | ・療育の継続(行動や情動の統制、支援環境=合理的配慮)<br>・障害特性に応じた個別の支援(二次障害予防、より豊かに生きる)<br>・年齢に応じた遊びや交友関係の支援<br>・本人の生活スタイルを見つける |
| 家族支援 | ・子どもとのかかわり方に関する専門的な助言<br>・預かることで親の安心感に寄り添う(保護者の就労保障)<br>・養育者から支援者へ移行するための関係性の調整<br>・家庭における本人の役割、家族の役割についての整理と調整<br>・一人で過ごせるための制度利用や方法の助言 |
| 地域連携 | ・家庭と学校、事業所間の共通理解を図るための連携<br>・地域から分離されない、地域とつながりのある支援<br>・障害特性に応じた環境整備や支援方法についての連携<br>・障害特性や支援方法を卒後につなぐための連携 |

厚生労働省「障害児通所支援の今後の在り方に関する調査研究報告書」平成26年3月

思春期は第二次性徴から始まり、心と身体がアンバランスになる時期であり、自己愛が強まったかと思えば自己否定したり、自己の過大評価と過小評価を行き来したりする。また、非常に依存的な二者関係を築こうとする反面、身近な大人との葛藤が生じ、過敏さや極端さから対人面でつまずいたり、不安、緊張が高まったりする。大人になるための大切な時期だが、危機的な時期であるのも事実である。これは、障害のある子どもも同様であり、障害や特性に加え、この時期特有の心性に配慮しながら、子どもの主体性を大切にし、言い分を聞きながら丁寧にかかわっていく姿勢が大切になる。この時期は、支援の範囲内で失敗することが許され、再チャレンジすることが保障されていることが必要である。

## 04 個別支援計画と日々の活動プログラムの重要性

### （1）個別支援計画の現状と課題

　放課後等デイサービスには、児童発達支援管理責任者を配置し「放課後等デイサービス計画」（以下、「個別支援計画」という）を作成することが義務づけられている。平成24年の制度創設以降、職員の資格要件の低さなどから多くの事業体が参入し、それに伴い先述のような質が低く発達支援とはいえない事業所も出現し、社会問題となっている。国は平成27年に「放課後等デイサービスガイドライン」を策定し、支援の質の向上を図ってきたが、平成29年度からは児童発達支援管理責任者の要件を見直し、児童、障害児、障害者の支援の経験が必須となった。加えて、職員についても保育士または児童指導員を半数以上配置するよう変更された。今後、子どもの発達や支援に関する知識と経験のある者が配置されることにより、子どもの視点に立った質の高い発達支援が提供されると期待されている。

　支援の質の向上のカギを握るのは「個別支援計画」である。「個別支援計画」は発達アセスメントに基づきPDCAサイクルで見直されるものであるが、現在、①個別支援計画の達成目標や支援内容の記載が具体的でない、②個別支援計画作成後、見直し時期の3～6か月後まで見ることがない、③個別支援計画と日々の実践が結びついていない、④そのため、モニタリングで見直されることなく目標や支援内容が次期もそのまま記載されるなど、形骸化されている実態も散見される。

　障害児支援領域では、教員や保育士のような人材養成制度やカリキュラムが用意されておらず、個別支援計画と日々の実践のベースになる活動プログラムの作成方法やそれらの関係性についての基礎的・実践的な学びの場がないのが課題の1つと考えられる。児童発達支援管理責任者や従業者の要件の厳格化により、個別支援計画と活動プログラムの充実や連動が進むと考えられるが、あわせて学齢期の放課後支援についての実践例を積み上げ

ていくことが放課後等デイサービス全体の質を高めることにつながると思われる。

## (2) 日々の活動プログラムの重要性

　日々の活動プログラムは、その作成義務が課されていないため、作成していない事業所もあるだろう。作成していたとしても、定型の様式や書き方もなく、「放課後等デイサービスガイドライン」でもその重要性についてあまり触れられていないため、各事業所が独自に作成しているのが現状である。

　日々の活動プログラムとは、一日の流れや発達支援を構成する活動の目的・流れ・内容を示したものである。前者は「日課」や「タイムテーブル」などと、後者は「日案」や「指導案」などと呼ばれる。

　日々の活動プログラムは、個別支援計画に掲げた到達目標を実現するための実行プログラムである。今日はどのような活動をどのようなねらいで行うのか、展開をどうするのか、その活動の中で一人ひとりの子どもについて個別支援計画に掲げられた目標に近づけるよう、どのようなスモールステップで到達点を設定し、どのような配慮を行うのかが記載される。遊具等の配置や環境設定（基礎的環境整備を含む）、スタッフの動きやかかわり方なども具体的に記載する。

　日々の活動プログラムは、支援者が感覚でかかわるのではなく、目標に沿って統一感のある支援ができるという点でスタッフにとってもメリットがある。また、記録と直結するので、子どもの日々の変化を確認する大切なツールとなる。これらを徹底することで、子どもにとっても有益な支援がなされるはずである。

## (3) 個別支援計画と日々の活動プログラムの関係

　日々の活動プログラムは、個別支援計画のように一人ひとりに作成されるものではなく、クラスや活動単位で作成されるのが一般的である。タイムテーブルのように固定化することによって子どもが見通しをもって安定して暮らすことができるメリットからあまり見直されないものもあれば、テーマのある活動のように日々または一定期間ごとにスモールステップで変化させながら作成されるものもある。

　個別支援計画に書かれる目標や支援内容は、放課後等デイサービスで行う活動を通して達成されるものであるが、必ずしもすべての活動プログラムに反映されるわけではない。また、すべての子どもに共通する必要なスキルの習得や体験などは活動プログラムにのみ書かれている場合もある。すべてが重なるわけではないことを理解しておく必要がある。

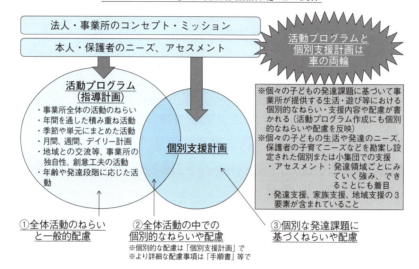

「活動プログラム」と「個別支援計画」との関係

## 05 放課後等デイサービスにおける実践

### （1）標準的な支援内容

「放課後等デイサービスガイドライン」（2015年）では、放課後等デイサービスの基本活動として、「自立支援と日常生活の充実のための活動」「創作活動」「地域交流の機会の提供」「余暇の提供」が例示されている。具体的な内容は以下のとおりである。

> ア　自立支援と日常生活の充実のための活動
> 　子どもの発達に応じて必要となる基本的日常生活動作や自立生活を支援するための活動を行う。子どもが意欲的に関われるような遊びを通して、成功体験の積み増しを促し、自己肯定感を育めるようにする。将来の自立や地域生活を見据えた活動を行う場合には、子どもが通う学校で行われている教育活動を踏まえ、方針や役割分担等を共有できるように学校との連携を図りながら支援を行う。
> イ　創作活動
> 　創作活動では、表現する喜びを体験できるようにする。日頃からできるだけ自然に触れる機会を設け、季節の変化に興味を持てるようにする等、豊かな感性を培う。
> ウ　地域交流の機会の提供
> 　障害があるがゆえに子どもの社会生活や経験の範囲が制限されてしまわないように、子どもの社会経験の幅を広げていく。他の社会福祉事業や地域において放課後等に行われている多様な学習・体験・交流活動等との連携、ボランティアの受入れ等により、積極的に地域との交流を図っていく。
> エ　余暇の提供

> 子どもが望む遊びや自分自身をリラックスさせる練習等の諸活動を自己選択して取り組む経験を積んでいくために、多彩な活動プログラムを用意し、ゆったりとした雰囲気の中で行えるように工夫する。

## （2）放課後等デイサービスの実践

　放課後等デイサービスは、ガイドラインで示されている活動を単に行えばいいというわけではなく、豊かな学齢期を生きる子どもを支援する事業所として日々創意工夫していく努力が欠かせない。

　一般社団法人全国児童発達支援協議会が平成25年度に厚生労働省の採択を受け全国の放課後等デイサービスの実践例を調査収集したところ、不登校に陥っている発達障害のある子どもたちへの様々な学びの支援、地域の資源や人材を活かした「ぷれワーキング」や余暇支援などの豊かな経験、積極的に地域に出向き交流を図る活動、世代間交流、視覚教材を使用した情動コントロール支援など様々な先駆的な実践が行われていた。それらに共通するのは、どんな子どもに育ってほしいのか、そのためには何が必要なのか、身近な地域で暮らしていくためには地域の資源や人をどのように活用するかなど、事業所の理念やコンセプトが明確だったことである。

　子どもの発達は、日々の変わらない積み重ねと小さな新発見から生まれる。子どものために計画された活動が、学齢期の子どもたちをワクワク、ドキドキさせ、大人になったときに「学生時代の放課後は楽しかった」と思ってもらえるよう日々の実践を創造していく姿勢が求められる。

第2章

# 発達支援の実践例と
# そのポイント

事例 1　衝動性への支援

# 勝敗にこだわらず、落ち着いて生活が送れるようになるために

ADHD、9歳

## 01 子どもの紹介

● **名前、年齢**

田中祐樹くん（仮名）（男児、9歳）

● **家族構成**

父親、母親、弟

● **生活歴**

　父親は会社員（転勤族）であり、本市には本児が3歳6か月のときに転入。母親は専業主婦で、本児へのかかわり方は両親とも非常に積極的である。本市転入時、Y幼稚園へ入園。就学は地元学区のH小学校（通常級）に入学。Y幼稚園年長の参観日に落ち着きのなさ、衝動性などの指摘を受け、小児精神科受診とデイサービスの利用を勧められ、5歳9か月から児童発達支援事業所（N幼児部門）の利用を開始する。就学に伴い放課後等デイサービスN利用となり、現在に至っている。

● **本人の特徴や今後のねらいなど**

　就学前後より「自分が思い描いたものと違う場面」（ゲームでの勝敗へのこだわり、テストの点数、物事の順番など）、「絵を描く、図工、整理整頓」など想像を伴う作業に対する苦手感が表出し、そのような場面に遭遇した場合に、壁を蹴る行為や頭を壁に打ちつけるなどの自傷行為を伴う号泣や激昂（げきこう）が認められた。学校場面での不適応（立ち歩き）などもあり、集団からの離脱などが認められた。

　主に「認知面のアプローチ」として、「生活場面での予想推測・イメージの促進」「衝動性の抑制」、学校生活での不適応に伴う「ストレス（自己否定）の緩和」などをねらいとした。

## 02 事業所の概要・紹介

- **事業所**：放課後等デイサービス N 学童部門
- **設置年月日**：平成 16 年 3 月 1 日
- **職員構成**：常勤職員 8 名

＜内訳＞

管理者 1 名、児童発達支援管理責任者 2 名、児童指導員 5 名

（保有資格：心理士 3 名、保育士 3 名、作業療法士 1 名、音楽療法士 1 名）

## 03 放課後等デイサービス計画（個別支援計画）

放課後等デイサービスN

児童氏名　田中祐樹くん　　　年齢　9歳　　H小学校

週2日　14：30～17：30

| 長期目標 | 家庭連携に関すること |
|---|---|
| 適切な対応をもって学校生活が送れるようになる。 | ・家庭連携<br>・関係機関との面談希望<br>・保育所等訪問支援<br>・休日に関して、本児のペース配分を考慮し、平日と時間を同様とする |
| **短期目標** | |
| 不満なことがあったとき、適切な言葉で気持ちを伝えるようになる。 | |

### プログラム

| 重点課題（目的） | 具体策（設定・評価視点） | 評価 |
|---|---|---|
| ○不満なことへの対応<br>期間（～3月）<br>・折り合いをつけて納得できないことにも応じ、参加できるように。<br>・不満なことにも怒らずに周囲に発信できる。 | ゲームを1対1で行う。<br>・ゲームの説明、勝敗の決まり方の確認<br>・勝ち負けが確定したときの心の動きを確認し、その対応を誘導<br>ゲームの評価<br>・評価視点<br>・事前準備の内容<br>・実際の対応<br>時間設定<br>・個別活動の時間　概ね15：00<br>注意点<br>・当日の集まりなどで本児の様子を確認する。 | |
| ○場面切り替えの悪さへの対応<br>期間（継続課題） | 自由遊びの時間を使い事前に伝える。 | |

### ＊　特別支援に関すること

| | | |
|---|---|---|
| ○イメージの誘導 | カードを示しそのイメージを発表する。<br>場面設定：集団<br>評価点：他者に影響を受けないイメージの発表<br>設定時間：15：30（集団活動時間） | |
| | 集まりでの発表<br>場面設定：集団<br>評価点：予定の確認、予想がついている | |
| ○短期記憶 | リズム打ち<br>場面設定：時間<br>　始まりの会、終わりの会<br>提示<br>　単打ち（回数5～8）<br>　リズム打ち | |

| 記入日 | 平成27年9月1日 | | |
|---|---|---|---|
| 記入者 | ○○○○ | 児童発達管理責任者 | ○○○○ |
| 保護者確認 | | | |

## 第 2 章 発達支援の実践例とそのポイント

事例 1

### 支援目標について

　母親の願いとして、「勝負で負ける場面や怒って感情的になる部分について気持ちを上手に切り替えられるようになってほしい」という求めがあった。
　本児も怒ってしまって自分自身の落としどころがわからなくなり、そのことにより自己否定につながることが多くみられ、この目標を設定した。また、短期目標にあがってはいないが、幼児期より継続している生活場面への予想推測・イメージの促進を図る。

### 主な支援内容とそのポイント

①集団およびスタッフとの関係の中で、自分の想いと異なったときの適切な対応を促す。
　小集団の中で不穏なときでも、その違和感を適切な表現で表出できるような取り組みを行う。また、行事等を通して大きな集団での振る舞いの経験値を積み重ねる取り組みを行う。
②「お話つくり」「マグネットパズル」などを通して、イメージの誘導を行い、予想推測を促す。
　数枚の絵カードを示し、それをもとにお話つくりを行い、それを文章として書きとめる。また、マグネットパズルで指定した完成形を示し、そこからの発展を促す。一定の課題についての絵描きを行い、イメージを誘導すると同時に、家族とともにその絵について適切なプラスの評価を与え、自己肯定感を育てる。

**指導案（一日のプログラム等）**

### 祐樹くんの指導のねらいと現在の様子（全体像）

| | |
|---|---|
| とらえ | ●自分が得意な分野では能力を発揮するも、そこからの場面の切り替えが難しい。<br>●自由遊びの時間では次々と遊びを展開し、一貫性をもてない。<br>●ゲームでの勝敗など優劣のつくもので負けたときに、号泣しながら自己否定をする。<br>●イメージしながらのブロックの組み立てや見えない部分を予想して組み立てるなどの作業が難しい。<br>●一時的に言葉をとどめるような言葉遊びや一日の振り返りなどでは、自発的な発言が難しい。<br>●感情の起伏が激しく、場面に応じた対応をすることが難しい。 |
| ねらい | ●事後の情動を事前に推測し、適応行動が増える。<br>●予想やイメージをもてる。<br>●言葉遊びや一日の振り返りを通して発言することができる。 |
| 現在の様子・評価 | ●自分が求めない状況（負けたとき）などに、事前に準備した対応がとれている（完全に納得した状態ではない）。<br>●負けそうになったときでも最後まで参加することができた。<br>●簡単な見えない部分の予想を立てて、ブロックなどを組み立てることができる。<br>●場面切り替えの難しさはあるものの、再確認などで切り替えることができる。<br>●音楽に合わせたイメージ（強弱）を演奏することができる。<br>●わからないときに投げ出すのではなく、ヒントを欲しいと発信し、遂行することができた。<br>●絵カードでのお話つくりは、カードの内容の色や用途から発展して話すことはできたが、文章化は難しい。<br>●一日の振り返りでは、直前の他児の内容をまねることが多い。 |

## 一日の指導プログラム

| 時間 | 子どもの動き | スタッフの動き |
|---|---|---|
| 14：00 | 来所 | 体調の確認 |
|  | 身辺処理 |  |
|  | 自由遊び | 遊びながらその日一日の様子の聞きだしや予定を告げる |
| 14：30 | お勉強 | 宿題などの確認と家庭学習の補助 |
| 14：45 | 始まりの会 |  |
| 15：00 | 個別活動 | ※個別支援計画に基づく活動を行う |
| 15：30 | おやつ |  |
| 15：45 | 集団活動 | ※個別支援計画に基づく活動 |
| 16：30 | 自由遊び | 始まりの会で確認した遊び |
| 17：20 | 帰りの会 |  |
| 17：30 | 帰宅 | お迎えに来たご家族への報告 |

事例 1

**場面づくり 1-❶**

# ボードゲーム（個別活動）

## 活動の準備や活動内容

**ルールの確認**
- どのようになれば「勝ち」、どのようになれば「負け」なのかを確認する。

**情動の確認**
- 勝った場合の気持ち、負けた場合の気持ちを事前に両者で確認する。

**終了後**
- 勝敗がついた後、どこが勝敗の分かれ道であったか確認する。

## 発達支援のポイント①
### ■ルールの確認と情動の確認をしよう

　ルールや手順が曖昧にならないように両者で確認する。ルールが曖昧なままだと、明確な結果が出ない場合があるので、注意する。

　ゲームは性格上、「勝ち・負け」が明確に出るので、その場合の気持ちの動きを事前に確認し、場面に対応した適切な対応を準備することがポイントである。「勝ったらうれしい。次も勝てるようにたくさん考えるぞ！」「負けたら悔しいけど、次は勝てるように考えるぞ」などと考えられるよう導く準備をしておこう。

## 発達支援のポイント②
### ■勝敗の分かれ道を分析しよう

　勝敗がついたときに、「どこの場面が勝敗の分かれ道であったか？」を振り返ろう。どのように対応したら勝てたのか？　どこが原因で負けたのか？　を冷静に分析することにより、次への意欲につながる。

　どうしても「勝った負けた」という事実のみを自己評価することにより、「どうせ俺はダメなんだ…」「負けるからやらない…」という不適応行動につながりがちである。負けたときに素直に負けを認められる状況を考え、「悔しいからもう1回やろう！」と言えるようになると最高だろう。

### 【職員の動きやこの場面における注意点】

> 　何よりも子どもが自分の気持ちを素直にぶつけられる大人との信頼関係は必須である。大人がわざと負けて「あぁ先生負けちゃったぁ〜」などの「あざとさ」は簡単に子どもたちは見抜く。この場合、全力で大人は「勝ち」にいく。「大人はすごいんだ…強いんだ…」と思うことから、その大人への信頼感が増す。その信頼感が安心感に代わり、自分の気持ちを素直に向けられる存在になるのではないかと考える。そして、大人が本気で勝ちにいって負けたときの対応や、大人が勝ったときの対応を子どもが手本とすることができるのではないだろうか。

## 場面づくり 1-❷　お話つくり、絵描き（集団活動）

### 活動の準備や活動内容

**お話つくり**
- 絵カードを1枚または数枚示し、その絵から連想するお話を発表する。
- 初めは1枚のカードで、その場面の様子やそこからのイメージを短文で発表する。
- 徐々に枚数を増やし、関連性をもってお話を作成する。
- 参加児童が順番に発表し、よい発表にはチップを与える。

**絵描き**
- 今日の出来事や好きなキャラクターなどを、簡単な絵画道具を用いて作成する。
- その様子を発表する。
- 参加児童が順番に発表し、よい発表にはチップを与える。

## 発達支援のポイント①
### ■絵カードからイメージを誘導する

　イメージを誘導する場合、手がかりになる手本を示すことにより誘導しやすくなる。また、「数色の風船の絵」等の場合、その色から連想しやすいようである。比較的簡単なもの（リンゴ・風船）に始まり、「事象（雨が降っている・海に船が浮かんでいる）」を表すようなカードへと発展させていく。

　さらに、それらの事象のカードを数枚組み合わせ、お話つくりに展開する（例：「雨が降っているカード」「子どもが遊んでいるカード」⇒「雨が降ってきたから遊んでいたけどおうちに帰った」など）。

　はじめは、他児童のまねをしたような答えや画一的な答え方が多くなるが、ヒントを与えると自分の経験などからのお話に発展しやすい。

## 発達支援のポイント②
### ■頭の中に想像することを誘導する

　まず、事前に心理士や指導員と会話の中で何を書くのか？　のイメージを誘導してから作成に入る。作成中はあまりヒントになるような誘導は行わず、戸惑っている場合は、事前に用意したイメージを呼び起こす程度の働きかけにとどめる。

　出来上がった絵は「絵の出来栄え」を評価対象とはせず、どのように想像したのかを評価対象とします。また、出来上がった絵は母親に示し、家族と心理士や指導員とともにプラスの評価を与え、「できた」感を育てていこう。

## 【職員の動きやこの場面における注意点】

> 　イメージを誘導する場合、あまり働きかけを多くすると、本人のイメージではなく心理士や指導員のイメージになってしまう場合がある。与えるヒントは、他児となるべく同じような言葉を選び、あくまでも本人のイメージを膨らませることを主軸に考える。ポーカーチップは発表などの評価を伝わりやすくするものである。
> 
> 　また、本ケースのように「勝ち負け」にこだわるような場合「数的概念」が未熟な部分も関連する。報酬系の刺激だけではなく、「0か10」の間に「3も5も7もある（中間的な概念）」ことを視覚的にわかりやすくする意味合いもある。報酬系を刺激する場合、チップの数の途中経過は意欲を下げる場合もあるので、場面の展開はスピーディーに進めよう。

## 場面づくり 1-❸ 始まりの会、帰りの会（集団活動）

### 活動の準備や活動内容

**始まりの会の場面設定**
- フレームドラムを使ってのリズム打ち
- 今日の学校での様子の報告
- 今日の活動内容の説明
- 自由活動での本人の希望を発表

**帰りの会の場面設定**
- フレームドラムを使ってのリズム打ち
- 今月の歌にのせてリズム打ち
- 今日の振り返りの発表
- 帰宅後の予定の発表
- 次回利用日の確認

## 📝発達支援のポイント①

### ■短期的な記憶を意識して、リズムや回数・叩く音の強弱を意識する（リズム打ち）

　様々なリズムや回数・強弱を心理士や指導員が示し、模倣する。変化させる点は「回数・リズム・強弱」。音楽を活動に使用する場合、セッション全体の流れ「テンポ」を重視しよう。

　本児の場合は短期的な記憶と衝動性がポイントとなるので、叩く回数と強弱を意識して進める。特に他児が「強く」叩いた後には、同様に「強く」叩いてしまいがちになるので配慮が必要である。

## 📝発達支援のポイント②

### ■気持ちの動きやその時にどのような行動をしたのか意識する
### スケジュールを発表することにより、その後の行動を意識させる

　本ケースでは、各種活動の予定や振り返りについて「何をしたいと考えているか？」「今日、何をやってきたか？」「その時どう思ったか？」などを文章化し、心理士や指導員にしっかりと伝えることを重視する。

　自分の情動や対応を的確に他者に伝えることを重点的に行おう。また、「その時の心の動きや行動がどうであったか？」「好ましくない行動のときには、どのように対応すればよかったのか？」などを確認することが重要である。うまく切り抜けることができたのならば賞賛し、褒めてあげよう。

## 【職員の動きやこの場面における注意点】

> 　場面切り替えの苦手感を抱えるケースでは「どのように認知させるか？」がポイントになる。集団での多方向に出される指示などは、どうしても受容がうまくいかないことが多く、集団活動にうまく入り込めない、また、それ以前の活動をやめることができないなどの状態がみられる。そのような場合、自由遊び等の時間を使って身体を動かしながら事前に個別告知をする。ただし、本ケースの場合は、場面を個別に設定して行うと、自尊心を損なうこと（「どうしてオレだけ…」という気持ち）につながりやすいため、さりげなく行い、集団での告知場面ではその確認が自分でできるように進めよう。
>
> 　不適応行動を適当な行動に変えるためには、「好ましい行動を示す」必要がある。学校でうまくできなかったことを「それは失敗しちゃったね」といった負の記憶にとどめるのではなく、「好ましい行動は何であったのか？」を具体的に示し、次の行動の動機づけを意識しよう。

## 05 振り返り、今後の取り組みなど

　様々なポテンシャルはもっているものの、認知面および状況理解判断の弱さとその衝動的な過剰反応があり、集団活動に苦手感や不適応行動を示すケースであった。(以下、WISC-Ⅳを示す言語理解（VCI）133、知覚推理（PRI）106、ワーキングメモリー（WMI）88、処理速度（PSI）88、全検査IQ（FSIQ）109)

　言語理解、知覚推理では、平均または平均より高めである一方、ワーキングメモリー、処理速度は低く、評価点プロフィールでも得意なこと、不得意なこととの間に大きなアンバランスさを抱えている。幼少期から特異な行動に対して周りから負の評価が多く、自己肯定感の少なさも大きな問題であると思われる。本ケースでは不適応行動を一面的にとらえるのではなく、その不適応な行動を引き起こす様々な本児の特性を分析理解し、認知的なアプローチからより社会生活を送りやすく、学校生活へ適応することを目指した。

　他のアプローチとして、母親に対するフォローや特性を正しく理解してもらうこともある。また、不適応の行動に対して、抽象的な伝え方（「ダメ！」「やめて！」）ではなく、具体的に「何が間違っているのか？」を重点的に示す方法を伝えてきた。

　学校へは合同支援会議や学校訪問を通して、本児の特性やそのメカニズムなどを説明し、家庭と学校と当所との役割分担や対応方法の統一などに取り組んできた。

●**今後の取り組みとして**

　当所では夏休みを利用しキャンプを行っている。キャンプは「非日常でありながら、日常生活である」という特性があり、普段取り組んでいる様々な認知課題を「一連の生活」の中に「どのように取り込まれているか？」といった社会生活を重視したアプローチの場である。本ケースではまさに場面ごとにできた細切れの正の評価が日常生活の中で活かされることが重要であり、それが、次のステップ（課題）であることが予想される。

　また、特性からくる「偏った部分の学習の苦手感」に対し、そのフォローも求められる。どうしても負の評価が蓄積しやすく、その自己肯定感の少なさは思春期また青年期の精神発達に大きく影響してくることは必至であり、その部分についても強く意識しながら見守っていきたいと考える。

　本ケースのように将来、福祉的なサービスを利用しながらの自立が制度上難しいと考えられる場合、より社会適応を目指した取り組みが必要であると考える。そのためにも、これからの成長に伴う生活年齢に応じた場面対応や適応行動の発達的支援は必須と考える。

第 2 章　発達支援の実践例とそのポイント

事例 2　子ども主体の支援

# 豊かな成人期の生活に向けて、地域や他機関での連携を通し、「子どもらしい」育ちを支援する

知的障害・自閉症、11 歳

## 01　子どもの紹介

● **名前、年齢**

西城太一くん（仮名）（男児、11 歳）

● **家族構成**

祖父、祖母、父親、母親、姉

● **生活歴**

就学前に療育を受けていた。特別支援学校に入学し、現在、小学部 5 年生。

● **本人の特徴や今後のねらいなど**

簡潔な言語指示は理解可能。日常的なものであれば場面に応じた意思発信方法についても、少しずつ身につけることができているが、意にそぐわないと他害行動につながることもある。排泄等、日常生活動作が未確立な部分もある。

母親は、家庭内での本人支援や今後の成長に不安を感じている。

太一くん自身が地域の中で子どもらしく育ち、豊かな成人期の生活を迎えることができるよう、発達段階に沿った遊びや集団活動の場の提供を行うようにしていく。かつ家庭内でも家族が不安なく太一くんと向き合うことができるように支援していく。

## 02　事業所の概要・紹介

● **事業所**：放課後等デイサービス事業所 R

● **設置年月日**：平成 24 年 6 月 1 日

● **職員構成**：常勤職員 6 名、非常勤職員 3 名

＜内訳＞

管理者 1 名、児童発達支援管理責任者 1 名、保育士 3 名、児童指導員 4 名

## 03 放課後等デイサービス計画（個別支援計画）

作成日　平成　年　月　日
社会福祉法人　M
放課後等デイサービス事業所　R
管理者　○○　○○

利用児氏名　　西城　太一　様　　印

| **長期目標**(内容・期間等) | 集団生活の中で必要なルール（待つ・お願いするなど）を身につけます。 |
|---|---|
| **短期目標**(内容・期間等) | サインを使って意思を伝えます。 |

◎具体的な課題目標および支援計画等

|  | 課題目標 | 支援内容（内容・支援の視点） | 期間 | 優先順位 | 備考 |
|---|---|---|---|---|---|
| 身辺自立 食事 排泄 更衣 | トイレで排泄できるように支援します。 | ・布パンツで過ごし、トイレで排泄ができるよう、定時誘導を行います。<br>・排泄のあった際や排泄がなくても便座に座っていられた際は正の評価を行い、一緒に喜びを共有します。 | 6か月 | 1 | トイレトレーニングやサインの習得など、学校や家庭と連携し、協力しながら支援します。 |
| 過ごす 遊ぶ | 公共マナーやルールを守って外出できるように支援します。 | ・1日利用の際は、外出プランを提案します。<br>・「好きな物を買う」「好きな場所で過ごす」力をつけられるよう、公共マナーや社会のルールを伝えます。また、経験を積むことで力が獲得できるよう多くの活動を提供します。 | 6か月 | 3 | 実施プログラム内容<br>・おやつを買いに行こう<br>・ファーストフード店に行こう<br>・アイスを食べに行こう |
| コミュニケーション かかわり | 援助要求をサインで伝えられるように支援します。 | ・「お願い」「ちょうだい」のサインが必要な際に、その都度伝えて一緒に行います。<br>・意思表示をサインで行えた際には正の評価を行い、伝わる喜びを一緒に共有します。 | 6か月 | 2 |  |
| 連携 | ○○支援学校、○○放課後等デイサービス事業所、○○市福祉課 | | | | |
| その他 | スクールバスの実施が難しいため、学校〜事業所間において送迎を行う。<br>保護者が就労しているため、開所時間外（8：00〜9：00および17：00〜18：00）においては、当事業所にて延長対応を行う。 | | | | |

文責：○○

第2章 発達支援の実践例とそのポイント

事例2

## 支援目標について

　本人の行動様式（多動傾向）や子どもの発達段階に合わせた経験の機会が少ないことから、家庭内でも本人への対応方法について戸惑いがみられる。

　太一くんが身の回りのことが自分でできるようになったり、自分の気持ちを上手に伝えたり、周りに合わせたりすることができるようになってほしいと願っている家族の思いに添いながら、「集団の中で必要なルールを身につける」という支援に一緒に取り組むことを長期目標とした。

　今後は、学校、家庭、他の放課後等デイサービス事業所、相談支援事業所との連携をとりながら太一くんの発達支援を行っていく。

## 主な支援内容とそのポイント

①トイレで排泄できるようになる。

　家庭ではおむつを使用し、本人の体内リズムを基にした排泄習慣や排泄リズムを定着するための支援が確立されていない。定時のトイレ誘導を行いトイレに行く習慣を身につけるとともに、できたときには「褒める」ことで意欲を高め、行動の定着が図れるように支援する。

②公共マナーやルールを守って外出できるようになる。

　視覚支援等必要な支援方法を取り入れながら、実際の社会場面に参加することで公共のマナーやルールを理解できるように支援する。また、成人期に向けて「自分らしく過ごす」「自分で選んで決める」ことができるよう様々な社会体験を児童期から積み上げていくことができるよう支援する。

③「お願い」をサインで伝えられるようになる。

　学校の教育計画と連動し、サインを使って援助要求ができるように支援する。

## 04 指導案（一日のプログラム等）

### 太一くんの指導のねらいと現在の様子（全体像）

| | |
|---|---|
| とらえ | ● 家ではおむつ、学校ではパッドを使用。家では母親の手が空いたときにトイレへ連れて行くなど排泄習慣、排泄リズムを定着するための習慣化が図られていない。<br>● 模倣行動ができる。<br>● 「お願い」「いやだ」など場面に応じた発信方法を覚えることができている。<br>● 視界に入った自分の気になるものに惹かれやすい。<br>● 自分の意に沿わないときには、他害行動が散見されることもある。 |
| ねらい | ◎ 日常生活動作の自立<br>　● 身辺自立の獲得。<br><br>◎ コミュニケーションの学習<br>　● 指示の理解と応答。<br>　● 要求や気持ちのやりとりを育てる。<br><br>◎ 社会参加体験の獲得<br>　● 集団のルールやマナーの獲得。<br>　● 経験の幅を広げる。<br>　● 「自分の好きなことやもの」「自分で選んで決める」ことができる力を育てる。 |
| 現在の様子・評価 | ● 定時のトイレ誘導を実施し、トイレでの排尿が確立した。<br>● 自分でできないことは「お願い」のサインを自分から出せるようになってきた。<br>● 4月当初に比べ、外出先でも落ち着いて行動できるようになっている。<br>● 他児の過ごし方にも興味を示すようになってきた。<br>● 思うようにならないときの他害行動はまだあるが、気分が高揚した後のクールダウンの時間は短くなっている。 |

## 一日の指導プログラム（休日）

9：00　来所
　　　　あいさつ、朝の支度
　　　　室内活動（自由遊び）

12：00　昼食
　　　　手洗い、昼食準備

12：30　片づけ、歯磨き

13：00　屋外活動（おやつの買い物）

15：00　おやつ
　　　　手洗い

15：30　室内活動（自由遊び）

17：00　退所

場面づくり 2-①

# ホットケーキづくり（調理）

## 活動の準備や活動内容

### 活動の見通しをもたせる
- 調理の行程を写真カードで伝え、活動の流れに見通しをもってもらう。
  正確につくることが目的ではなく、本人が流れを理解し、不安なく、楽しみながら活動に取り組んでもらえるようにする。

### 材料を混ぜ、焼き、焼き上がったものにトッピングをする
- 手指の運動、感覚の練習につながり、道具の使い方を経験することができる。
- 自分で好きなものを選んだり、工夫する経験へとつなげる。

### 出来上がったものを配膳し、「いただきます」のあいさつをする
- 自分の係や役割を理解し、基本的なマナーの習得をする。

## 発達支援のポイント①
### ■「材料を混ぜる」「焼く」「トッピングをする」など活動の行程を理解してもらう

　ホットケーキづくりの一連の流れを写真カードで示し、太一くんが見通しをもって活動に臨めるようにする。太一くんが作業している間は本人が主体的に活動できるように、自分でできる部分は行ってもらいながら、適宜、写真カードを提示し、声をかけながら支援していく。

　また、道具の適切な使い方を練習したり、自分で好きなものを選び、工夫したりする経験など一連の行程にかかわることで生まれる達成感を得ることができるよう支援しよう。

## 発達支援のポイント②
### ■自分の役割を理解し、集団内で協力して活動する

　1グループ数名のグループ編成を行う。「材料を混ぜる」係、「ボウルを押さえる」係、「テーブルを拭く」係、「グループメンバーのお皿を準備する」係などの係に振り分けをしたり、順番で係を遂行できるよう工夫をしたりする。自分が直接、調理活動に携わらないときや順番を待っているときのマナー等も本人がわかりやすいように工夫して支援していくとよい。

　集団活動を行う際には「役割」があることや皆で協力しながら活動を進めていくことの大切さを理解していけるように支援していこう。

## 【職員の動きやこの場面における注意点】

> 　目標に向けた作業の流れ、そのための支援を行うことが基本だが、子どもの主体性、自主性も尊重して必要な部分をサポートする視点も大切である。また、支援者が言葉かけをしたり、できていることを褒めたりすることで、集団活動の楽しさを経験してもらうようにしよう。発達における言葉、表現、人間関係などに留意しながら、支援を行おう。

場面づくり 2-❷

# コンビニエンスストアでの買い物（外出活動）

## 活動の準備や活動内容

### 活動の見通しをもたせる
- 買い物先や流れを写真カードで伝え、活動の流れに見通しをもってもらう。
- 本人が流れを理解し、不安なく、楽しみながら活動に取り組んでもらえるようにする。

### 公共のルールを守り安全に移動、活動する
- 基本的な交通ルールを守り、安全に移動する。
- 店内で落ち着いて買い物をする。

### 買い物先で自分の好きなものを購入する
- 自分で好きなものを選び、購入する。

## 発達支援のポイント①

### ■公共、集団のルールを理解する

買い物の一連の流れを場面ごとに区切り、活動の見通しをもたせる。また、外出前に「みんなと一緒に歩く」「お店の中で走る⇒×」「レジでは並んで待つ」など、いくつかの約束事を写真カード等を用いながら本人が理解しやすい方法で伝え、実際の経験を重ねることを繰り返しながら、公共、集団のルールを理解することができるように支援する。

## 発達支援のポイント②

### ■要求を相手に伝える力と「選択する」力をつける

自分の要求を言語やサイン等を用いて相手に伝え、行動を獲得することの理解を支援する。様々な刺激の中で複数のものの中から「選ぶ」という行為が難しい際には、「～と～のどちらにする？」といったようなあらかじめ選択肢を絞って本人に提示するように支援する。

「選択することができる」という段階にまだ到達していない場合には、あえて支援者側で目的とするもの（購入するもの）を提示することが必要になる。本人の発達段階に応じて目標の設定を行い、必要に応じて見直しをしていく。

## 【職員の動きやこの場面における注意点】

> 現在の本人のスキルや学校等他機関での取り組みと将来の課題を明確にした上で、活動の目標や支援内容を設定するようにする。例えば、提示された金額を本人一人の力で支払うことまでは難しくても、支払いの際に支援者が本人にお金を渡し、本人が店員にお金を支払い、お釣りや購入したものを受け取るなど、「本人ができること」を活かし、本人が主体的に活動に取り組めるように支援する。
> 
> 本人ができる部分は本人が行い、できたことを支援者がしっかりと褒めて評価することで、達成感や意欲の向上が図られるようにしていこう。
> 
> また、本人がサポートを求める部分は「何て言うのかな？」「お願いします、を言おうね」と伝えながらサインを同時に示すなど、援助要求が本人から発信できるような声かけの工夫を行っていく。

場面づくり 2-❸

# 日常生活動作の自立

## 活動の準備や活動内容

**活動の見通しをもたせる**

- 来所後の流れを写真カードで伝え、活動の流れに見通しをもってもらうとともに行動の定着を図る。

## 発達支援のポイント①
### ■身の回りのことが自分でできる力を伸ばす

　来所後に本人がとるべき行動（荷物の整理、更衣、衣類の後片づけ、手洗い、うがい等）を写真カードで示し行動の促しを図る。

　指示された内容を理解し、一連の行動が自分でできるようになることを初期の目標とし、下着の裾入れや丁寧な手洗い等細かな部分の精度を高めていくことについては、家庭や学校等と連携を図りながら本人の発達段階に合わせて支援をしていくようにする。

## 発達支援のポイント②
### ■トイレでの排泄の確立

　家庭や学校等と連携し、「トイレに定時誘導し、便座に座らせる」ことを各場面で統一化した方法をとることで、本人の体内リズムを基にした上での排泄習慣の定着を図り、トイレでの排泄が確立できるように支援する。各場面でトイレ誘導した際の排泄の有無を記録し、排泄リズムの把握を行っていく。

　排泄があったときやしっかりと便座に座ることができたときには、正の評価を行うとともに、トイレで排泄ができることによって得られる「気持ちよさ」も本人に感じてもらえるようにしながら排泄の自立へとつなげていけるよう支援する。

### 【職員の動きやこの場面における注意点】

> 　身辺自立を高めるための支援については、日常的な行動でもあるため、特に家庭や学校等他機関と情報を共有し、上手に連携をとりながら支援していく必要性がある。
> 
> 　ケース会議や日常的な場面での連携、記録を基にしたデータ収集等、本人への直接支援以外で得られた情報を支援につなげていく工夫を積極的に行っていくことが重要である。一方で、どの場面でも取り組みやすく負荷がかかり過ぎず継続的に取り組める方法を、本人を取り巻くチームと一体となって模索していくことも必要である。

## 05 振り返り、今後の取り組みなど

### ●子どもの発達支援を振り返って

　子どもの支援において、本事業所として大切にしていることは地域の中で子どもらしく育ち、豊かな成人期の生活を迎えることができるよう、地域の中で様々な人とかかわりをもち、様々な経験を積み重ねていきながら、本人の達成感や喜びをともに獲得していく環境づくり（本人支援、家族支援、職員の育成等）である。

　本事例についても、本人自身の成長に助けられる部分もあったが、日々の積み重ねを継続的に行っていくことで課題達成につながった部分も大きく、それが本人の意欲の向上や本人、支援者を含んだ喜び、次の課題の発見へとつながっていることを感じる。

　子どもの支援については、子ども自身の意向や希望を聞き取ることが難しいが、子どもが主体的に取り組めることができる活動や支援を行いながら、引き続き、子どもの成長にプラスとなる支援を行っていきたい。

### ●支援者のかかわり方を振り返って

　本事例は、身辺自立やコミュニケーション、家庭支援等様々な課題が散見されていたが、本人の発達段階や卒業後の生活等を考慮し、少し先の将来を見据えた際に必要とされる力をつけていくことをスモールステップで取り組んでいくことから始めた。

　その際に重視したのは「他機関との連携」と「保護者の想い」である。本事例のような学齢期の児童においては、学校や家庭で過ごす時間が大半であり、事業所以外から多くの支援を受けていることがほとんどであろう。本人の発達段階に応じて段階的に統一化した支援を行うことで課題達成が図られ、新たなる課題の設定へと向き合うことができた事例といえる。

　また、相談支援専門員が導く「利用児およびその保護者が希望する生活ニーズ」に基づき、どのような役割が事業所に求められ、具体的にどのように支援を行っていくのか、そのために必要な情報は何かについてケース会議等で連携を深めていくことの重要性を、本事例のかかわりを通して改めて感じることができた。

事例 3

第2の家の機能

# 長期休暇中の自然体験活動

知的障害を伴う自閉症、9歳

## 01 子どもの紹介

● **名前、年齢**
菊愛太郎くん（仮名）（男児、9歳）

● **家族構成**
父親、母親、弟2人、妹1人

● **生活歴**
就学前は、他法人の通園施設を利用した。
父親は朝早く仕事に出かけ、夜も不規則で家にいない時間が多い。

● **本人の特徴や今後のねらいなど**
双子で産まれて、弟より発育が遅く、2歳頃に母親が保健師に相談する。病院を受診して、知的障害を伴う自閉症と診断を受けて、病院とK事業所の療育を受ける。

## 02 事業所の概要・紹介

● **事業所**：放課後等デイサービス事業所K
● **設置年月日**：平成25年4月1日
● **職員構成**：常勤職員5名
＜内訳＞
管理者1名、児童発達支援管理責任者1名、保育士1名、障害福祉サービス経験者1名、指導員1名

## 03 放課後等デイサービス計画（個別支援計画）

| 氏　　　名 | 菊愛太郎くん | 計画期間 | 4月1日〜3月31日 |
|---|---|---|---|
| 目　　　標 | 家庭以外で、入浴できる場所を増やしましょう。 | | |
| 支援週計画 | 利用日：金曜日<br>利用時間：15：30 から 17：00（学校開校日）<br>　　　　　10：00 から 16：00（学校閉校日）<br>利用方法： | | |

○家族湯「みんなの湯」に慣れましょう。

- ●新しい環境に慣れるために、家族湯の外観・受付・脱衣所・浴室の写真カード（視覚的支援）を用いて予告し、まずは見学から始めます。もしも、嫌がるときは無理せず、少しずつ慣れるようサポートを行っていきます。

○手順書を用いて、洗体・洗髪の練習を行い、一人で洗える部分を増やします。

- ●洗体・洗髪の手順書（視覚的支援）を用いて、洗う手順を伝えていき、少しずつ一人で洗える部分を増やしていきます。

## 支援目標について

　家族から、家庭以外のお風呂に入ってほしいという意向があった。これからの宿泊体験や数年後の修学旅行等を見据え、家庭以外のお風呂に入る経験を増やし、入浴できる場所が増えることを目標とした。
（企画型療育である「森の子プログラム」（自然体験）の参加を促し、「少年自然の家」で入浴体験を行う。学校での宿泊体験の場所であるため。）

## 主な支援内容とそのポイント

①新しい環境に慣れる。
　家庭以外のお風呂に入ることができないため、写真カード（視覚的支援）を用いて家族湯の環境に慣れることから支援する。他の環境で嫌なときは耳ふさぎがあるため、写真カードで予告を行っていき、本児の様子を観察しながら、少しずつ慣れるように支援を行っていく。

②手順書を用いて、洗体・洗髪の練習を行い、一人で洗える部分を増やす。
　家族湯の環境に慣れたら、どの部分が洗えていて、どの部分が洗えていないかの現状を把握する。また、手順書（視覚的支援）を用いながら、手順書と身体の部位（名称）を伝え、洗う部分をマッチングしていく。また、必要に応じて本児の身体をトントンして、洗う部分を伝えていく。

# 04 指導案（一日のプログラム等）

## 太郎くんの指導のねらいと現在の様子（全体像）

| | |
|---|---|
| ねらい | ◎家族湯「みんなの湯」に慣れる。<br>　●手順書を用いて、洗体・洗髪の練習を行い、一人で洗える部分を増やす。<br>　●できる範囲を自分で把握し、無理なときはそのことを伝えるようにする。<br>◎自然体験を通して、課外活動の楽しさを味わう。<br>◎生き物の命の尊さを学ぶ。<br>◎料理の準備を経験し、食事のマナーを学ぶ。 |
| 現在の<br>様子・評価 | ●最初は、新しい環境のため、脱衣所や浴室に入るのを嫌がっていた。→写真カード（視覚的支援）を用いて予告と利用を重ねることで、少しずつ「みんなの湯」の環境に慣れることができている。<br>●「みんなの湯」に慣れたことで、洗体と洗髪の練習に取り組むことができている。<br>●手順書と洗う部分（名称）を伝え、なでる感じで洗うことができている。洗う力が弱いため、洗う動作を「ゴシゴシ」と強弱をつけて言葉かけをしている。 |

## 一日の指導プログラム

9：30　　K事業所集合
　　　　　あつまり（あいさつ、一日のスケジュール、担当者）
10：00　 オリエンテーション
　　　　　トイレ誘導
10：30　 活動（ヤマメつかみ）
11：45　 昼食
13：00　 活動（森林ワークゲーム）
　　　　　入浴
15：00　 オリエンテーション
　　　　　トイレ誘導
15：30　 K事業所到着
15：45　 帰りの会
　　　　　今日の感想、帰りの車、あいさつ
16：00　 スタッフ送迎・保護者お迎え

場面づくり 3-❶

# ヤマメつかみ（活動）

## 活動の準備や活動内容

**ヤマメつかみ体験**
- 素手でヤマメに触れ、感触を味わい、つかむ。
- ヤマメの内臓を取り出し、昼食に炭火で焼いて食べることで、命の尊さを知る。

## 📝発達支援のポイント①
### ■素手でヤマメに触れ、感触を味わい、つかむ

　まず、スタッフが見本としてヤマメをつかむ方法を伝える。本児は、ヤマメに興味を示しており素手でヤマメに触れ、楽しそうな表情をしている。ただ、ヤマメの動きが速いため、なかなかつかむことができなかった。

　本児に達成感も味わってもらうために、買い物カゴを用いてヤマメの逃げ道を小さくして、つかみやすい環境を整えた。ヤマメをつかむことができ、とても嬉しそうな表情を見せ、達成感を味わってもらうことができた。

## 📝発達支援のポイント②
### ■ヤマメの内臓を取り出し、昼食に炭火で焼いて食べることで、命の尊さを知る

　まず、スタッフが見本としてヤマメの内臓を取り出す方法を伝える。そして、後方からスタッフが太郎くんに手を添えて、ナイフを使用して内臓を取り出し、調理の経験をすることができた。

　昼食時、生き物に感謝の気持ちをもって食べることを伝え、「いただきます」「ありがとう」をしっかりと言うことができた。

## 【職員の動きやこの場面における注意点】

> 　子どもたちに、スタッフが簡潔にわかりやすく見本を示すことで、つかむ方法や内臓を取り出す方法のイメージにつなげ、できているときに、「上手だね」「できたね」と褒めることにより、一人ひとりの達成感や成功体験につながるような支援を行う。

場面づくり 3-❷

# 入浴の支援

## 活動の準備や活動内容

- 新しい環境に慣れる。
- 手順書を用いて、洗体・洗髪の練習を行い、一人で洗える部分を増やす。

## 📝発達支援のポイント①
### ■新しい環境に慣れる

　新しい環境に慣れるために、公共施設（少年自然の家）の外観・受付・脱衣所・浴室の写真カード（視覚的支援）を用いて予告する。もしも、嫌がるときは無理せず、少しずつ慣れるようサポートを行っていく。

　利用当日を迎える5日前に、実際の外観・脱衣所・浴室の写真を家庭に渡し、家族の協力を得ながら事前予告を行ったことで、嫌がりもなくスムーズに入ることができた（これまでの通常療育（入浴支援）の成果を感じることができた）。

## 📝発達支援のポイント②
### ■手順書を用いて、洗体・洗髪の練習を行い、一人で洗える部分を増やす

　めくり式の手順書を用いて、洗う手順と洗う箇所（髪、首、胸等）を伝えることで、少しずつ洗える部分が増えている。しかし、洗う力が弱く、なでる感じになっているため、洗う際に、「ゴシゴシ」と言葉かけの強弱をつけて洗う力の意識づけにつなげていった。

### 【職員の動きやこの場面における注意点】

> 　実際の場所について、写真カード（視覚的支援）を用いて、活動の事前予告をすることで見通しと不安軽減につなげていく。また、入浴支援では、めくり式の手順書を用いての練習を積み重ねることで、一人で洗える部分が増えている。しかし、洗う力が弱いため、「ゴシゴシ」と言葉かけの強弱をつけて洗う力の意識づけにつながるよう支援をしていく。

## 05 振り返り、今後の取り組みなど

　今回、家族からの「家以外のお風呂に入ってほしい」という意向から本児に対する支援が始まった。まず、本児の特性や強みおよび推測できることから支援方法を考えていった。新しい環境に慣れることが苦手な一方、視覚的支援が伝わりやすいことを踏まえ、通常療育では、法人内の家族湯「みんなの湯」の写真カード（外観、受付、脱衣所、浴室）を用いて、事前予告することで活動の見通しにつながった。

　最初は、脱衣所に入ることに嫌がる姿があったが、写真カードでの事前予告と回数を重ねることで、少しずつ脱衣所と浴室に入ることが増え、「家以外のお風呂に入ってほしい」という意向を実現することができた。この事例を通して、家以外のお風呂に入るという意向に対して、家以外のお風呂に入れる場所を増やすことで、将来の生活につながるきっかけになる支援になったと感じられた。

　次に、小学校での宿泊体験や数年後の修学旅行を見据えて、家以外のお風呂に入る経験を増やし、入浴できる場所が増えることを目標とした。企画型療育である「森の子プログラム」（自然体験）を通して、家以外のお風呂に入る経験を増やすために、写真カードを用いて事前予告し、「少年自然の家」で入浴する体験につなげ、この数か月間の通常療育（入浴支援）を継続したことで成果を感じることができた。

　最後に、思春期に入ること、身体の変化等や将来の生活を見据えながら、家族と情報交換し新たな意向を把握していく。また、家族湯「みんなの湯」での通常療育と企画型療育である「森の子プログラム」（自然体験）を通して、様々な体験を積み重ねながら、身辺自立面の向上と余暇活動の幅が広がることにつなげていく。

事例 4　ソーシャルスキル

# 小集団の中で、気持ちや行動のコントロールを促す

通常学級、通級に通う子どもたち

## 01　子どもの紹介

- **名前、年齢**
  秋山れんくん（仮名）（男児、7歳）
- **家族構成・生活歴**
  父親、母親、妹。地域の小学校に通学。通常学級に在籍し、サポートを利用。
- **名前、年齢**
  山懸ゆうくん（仮名）（男児、8歳）
- **家族構成・生活歴**
  父親、母親、妹。地域の小学校に通学。通常学級に在籍し、サポートを利用。週1回、通級教室で支援を受けている。
- **名前、年齢**
  岩井えりかさん（仮名）（女児、8歳）
- **家族構成・生活歴**
  父親、母親、姉、妹。地域の小学校に通学。通常学級に在籍。
- **名前、年齢**
  宮島ちかこさん（仮名）（女児、9歳）
- **家族構成・生活歴**
  父親、母親、姉。地域の小学校に通学。通常学級に在籍し、サポートを利用。週1回、通級教室で支援を受けている。

## 02　事業所の概要・紹介

- **事業所**：放課後等デイサービスI
- **設置年月日**：平成24年4月1日
- **職員構成**：常勤職員5名
  ＜内訳＞
  施設長／児童発達支援管理責任者1名、事務1名、保育士2名、言語聴覚士1名

## 03 放課後等デイサービス計画（個別支援計画）

| 計画期間 | ○年8月～○年12月 |
|---|---|
| 利用計画 | ＜集団支援＞<br>利用日：木曜日<br>利用時間：16時～17時15分<br>利用方法：母子通園（必要に応じて送迎を利用） |

れんくん

| 目標 | ・集中できる時間が持続できる。<br>・物事にとりかかる際の気持ちのコントロールができる。<br>　（思いどおりにいかないときや嫌なことがあったとき等）<br>・場面に合わせた行動のコントロールができる。 |
|---|---|

ゆうくん

| 目標 | ・他者の話に耳を傾け、理解しようとする。<br>・様々な経験を積む。<br>・視覚的な手がかりをもとに、行動をコントロールしようとする。<br>・自分の気持ちや考えを、言葉で表現することができる。 |
|---|---|

えりかさん

| 目標 | ・物事にとりかかる際の気持ちのコントロールができる。<br>・活動を通して、自分の考えや行動に自信がもてる。 |
|---|---|

ちかこさん

| 目標 | ・自分の気持ちや考えを、順序立てて言葉で表現できる。<br>・相手の気持ちや行動を理解し、自己コントロールができる。 |
|---|---|

## 支援目標について

　集団支援に参加している子どもたちは、他者とのコミュニケーションが難しい子ども、注意のそれやすさや衝動性のある子ども、文字などの学習が難しい子ども等、その特徴や課題は様々である。活動で使用する手がかりや教材は、それぞれの子どもが取り組みやすい工夫をする。支援目標は、集団の場において気持ちや行動を表現・コントロールしていくことや他者とのかかわりに重点をおいている。また、この集団に参加している子どもたちは、就学前には併設されている児童発達支援施設で、個別、または集団での支援をうけていた。当園では、就学後も継続的な支援が必要であると考えている。そのため、各個人の支援目標には、児童発達支援を利用していた際の課題が反映されている。

## 主な支援内容とそのポイント

①表現活動を通して、自信がもてる。
　表現活動では、自分の考えや気持ちを参加児の前で発表する機会をつくる。参加児の中には、言葉で表現することが難しい子ども、絵や製作活動を苦手としている子どももいるが、各児のできる方法で参加を促し、成功体験を積み重ねられるように支援する。
②参加児同士のかかわりを広げ、仲間意識を育てる。
　他児と協力して何かをつくったり、一緒に考えたりする場面を設定する。参加児同士の意見の不一致からトラブルになることもあるが、基本的には子ども同士で解決できるよう促し、支援者は必要に応じて介入する。
③他者の行動や気持ちを意識し、コミュニケーションを楽しむ。
　参加児同士の自主的なかかわりを見守るが、他者とのかかわりの中では、自分にとっては何気ない行動や言葉が相手を傷つけてしまうことに気づきにくいこともある。支援者が介入することで気づきを促し、かかわり方を工夫する。
④リラックスして活動に参加する。
　「学校ではとても静かで、集団での様子とは違う」という話を聞く。学校ではうまく自分を表現できていないこと、先生や他児から注意を受けてしまうことでストレスを抱えている子どももいる。家族以外の他者とのかかわりの中で、自分を表現できる場、気持ちを発散できる場となるよう、心がける。

## 04 指導案(一日のプログラム等)

### 参加児の現在の様子(全体像)

れんくん

| 現在の様子 | ●知的に大きな遅れはない。<br>●他者への関心は高く、気の合う子どもへのかかわりは積極的。<br>●他児の何気ない言葉に対して怒り出すことがある。<br>●他児とのトラブルの際には別室に入り、気持ちを落ち着かせようとする。<br>●じっとしていることが難しく、軽いジャンプを繰り返したり、着席時は常に椅子や体を動かしたりするなど落ち着きがないことがある。 |
|---|---|

ゆうくん

| 現在の様子 | ●自分の気持ちや考えを言葉で表現することが苦手。<br>●他児へのかかわりは積極的だが、やりとりが続かず、一方的なかかわりが目立つ。<br>●衝動性の高さがみられ、持続が難しい。 |
|---|---|

えりかさん

| 現在の様子 | ●知的に大きな遅れはない。<br>●文字の音読、書字を苦手とし、学習への苦手意識が強い。<br>●初めてかかわる他者への緊張が強く、慣れるまでに時間がかかる。<br>●学校ではほとんど話さず静かに過ごしているが、小集団では積極的に参加し、よく発言する。<br>●話を最後まで聞かずに行動してしまうことが多い。 |
|---|---|

ちかこさん

| 現在の様子 | ●知的にやや遅れがある。<br>●下級生のお世話やお手伝いは積極的。<br>●自分の行動に自信がなく、大人に同調を求める。<br>●気持ちや考えを積極的に言葉で表現するが、要点がまとまらず相手に伝わりにくい。 |
|---|---|

## 一日の指導プログラム（指導時間：1時間15分）

| 16：00〜 | 導　入 | 【当番】あいさつ・カレンダー学習(天候も含む)<br>【全員】一週間の生活の中で、楽しかったことや心に残ったことの発表とそれに対しての質問 |
|---|---|---|
| 16：15〜 | 課　題 | ・季節、行事に合わせた製作<br>・参加児それぞれの好きな遊びの紹介<br>・クッキング<br>・伝統的な遊びの紹介<br>　（コマ回し、けん玉、将棋、囲碁など）<br>・ルールのある遊びの理解<br>・社会性（ソーシャルスキル）課題<br>・地域散策　　　　　　　　　　　　　等々 |
| 〜17：15 | 支援終了 | 終わりのあいさつ、片づけ<br>保護者に感想カードを書いてもらう。<br>玄関での保護者とのやりとり<br>活動のフィードバックと日々の情報交換やアドバイス |

事例4

場面づくり 4-❶

# 一週間の出来事発表

## 活動の準備や活動内容

　一人ずつ前に出て、一週間の中で印象に残った出来事を発表する。じっと座り続けること、同じ場所に立っていることが苦手な子どももいるため、前に出た際は所定の足形の上に立つことを促す。

### 自分の経験を振り返り、言葉で表現する
- 「いつ」「どこで」「何をしたか」を発表する。
- 足型の上に立ち、動きすぎてしまわないよう意識することを促す。

### 発表者の話に注意を向ける
- 聞き手に離席や隣の子どもにいたずらをしないように促す。

### 発表者の話に関して、聞き手は質問や感想を発表する
- 質問がある人は挙手をし、発表者が指名する。

## 発達支援のポイント①
### ■他児の話を聞くこと、自分の経験を言葉で表現することを促す

　ゆうくんは、自分の考えや気持ちを他児の前で表現することが苦手である。事前に話すことを考えてくることもあるが、いざ話す場面になると思い出せなくなる。すぐに発表することが難しいときには、「楽しかったこと？　悲しかったこと？　発表することは特にない？」等、いくつか選択肢をあげ、話すきっかけをつくる。

　聞き手が質問する際は、聞き手の子どもが積極的に手を挙げる。しかし、質問の内容はパターン化しており（「誰と行ったか」「どう思ったか」等）、発表の中に含まれている内容が主となっている。質問をする際には支援者も参加することで、様々な質問の仕方を提示することができる。

## 発達支援のポイント②
### ■発表場面での行動や他児へのかかわり方への気づきを促す

　れんくんとゆうくんは発表の際にじっと立っていることが苦手で、前に立っていてもジャンプをしたり、歩き回ったりと落ち着かない。足形で立ち位置を明示することで、その場にとどまる時間が長くなった。足形を気にせずに自由に動き出した際、支援者は言葉での注意はせず、「あれ？」と足形に注目し、子どもの気づきを促す。

　ゆうくんは相手の話を聞いている間も、横を向いて空いている椅子に足を乗せたり、他児に声をかけたりと落ち着かない。れんくんはそういったかかわりが苦手で、一人離れた場所に座るようになった。ゆうくんは決められた場所にいないれんくんを注意したが、支援者より、れんくんが離れて座る理由を知ること、ゆうくんの行動についてのフィードバックをうけることで、ゆうくんのれんくんへの着席時のかかわりが少なくなった。れんくんも、少しずつみんなの近くに座れるようになった。

### 【職員の動きやこの場面における注意点】

> 　多人数の前で話をする姿勢や相手の話を聞く姿勢は、他者に話を聞いてもらうためにも、話し手が話しやすい環境をつくるためにも大切なコミュニケーションスキルである。この場面では、話すとき、話を聞くときの姿勢について、本人の気づきを促すことに重点をおく。場面に合わない行動については、自分で気づき意識することを積み重ねることで、コントロールすることができるようになる。初めは視覚的な手がかりで気づきを促したが、徐々に手がかりを少なくし、場面に合わせて行動できるよう支援する。子どもが自分の行動に気づけたときや適切な行動ができたときには、褒めること、一緒に喜ぶことが大切である。

**場面づくり 4-❷**

## ジオラマをつくろう（話し合い〜製作）

### 活動の準備や活動内容

　参加児で協力して、1つのジオラマをつくる。「遊園地」「動物園」「水族館」のテーマを用意し、選んでもらう予定だったが、参加した子どもたちの同意が得られなかったため、子どもたちにテーマを考えてもらった。いくつかのアイディアは出たが、なかなか1つに決まらない。支援者が進行し、テーマをどう決めるかを話し合った。

　テーマが決まった後は製作。テーマに合ったものを考え、紙粘土でつくる。製作時は互いの様子が見えるように、テーブルを囲んで座る。

　最後に、つくったものを発表した。

**自分の気持ちを言葉で表現する**
- テーマについて、「つくりたい」または「つくりたくない」理由を言葉で表現する。

**意図したものにならなかったときに、気持ちをコントロールできるよう促す**
- 子どもが許容できる範囲を広げられるよう、提案する。

**紙粘土で、イメージしたものをつくる**
- つくりたいものを決め、見本をみながらつくる。
- 道具の貸し借りを通して、他者とのかかわりを促す。

## 発達支援のポイント①
### ■自分の気持ちを言葉で説明する

　今回は「なぜつくりたくないか」を話してもらった。それぞれのテーマに対して、「テーマが好きではない」「テーマの物は細かくてつくるのが大変」「テーマの物がわからない」等の意見が出された。発言した内容は板書をし、見える形で示した。ゆうくんは自分の考えを言葉にすることが苦手だが、板書にある様々な表現を見ることで、気持ちを表現する言葉の手がかりとした。

　ちかこさんは、積極的に発言するが、要点をまとめることが苦手で、話が長くなりがちである。他児から「長い」と指摘されることもある。支援者は話をさえぎらず、話し終わってから要点をまとめて再度提示した。発言する意欲をそがない介入が大切である。

## 発達支援のポイント②
### ■子ども同士の自発的なやりとりを促す

　製作活動では、他児の様子が見える位置に座る。他児のまねをしてしまうこともあるが、進行が遅れている他児を手伝ったり、作業をしながら会話をしたりと、子ども同士のやりとりがみられる。このときは、れんくんが作業の遅れているゆうくんを進んで手伝う姿がみられた。

　ゆうくんがえりかさんの粘土板の上にあった道具を、何も言わずにとってしまう場面があった。えりかさんに注意されたゆうくんだが、納得がいかない様子である。ここで支援者が介入した。基本的には子ども同士で解決できるように見守るが、えりかさんの気持ちや今後はどういったかかわりが望まれるのかをゆうくんに確認した。

### 【職員の動きやこの場面における注意点】

> 　学童期の集団活動では、参加児の主体性を尊重した活動やかかわりが大切である。大まかな活動の流れは支援者が設定するが、具体的な内容や役割分担を子ども同士の話し合いで決めることで、活動への参加意欲が高まる。全員の希望が通らないこともあるが、参加の仕方を工夫したり、違う側面からの見方を促したりと様々な場面を積み重ね、許容できる範囲を広げていく。話し合いの場で代替案を提案する子どももいる。大人の提案よりも他児の考えを聞くことで、気持ちのコントロールがスムーズになることもある。
> 　また、支援者が介入する際は先回りしすぎないこと、話しすぎないことも大切である。

場面づくり
4-❸

# なぞなぞ大会

## 活動の準備や活動内容

　初めに、問題用紙を配布し、各々がなぞなぞを解く。支援者が出題者となり、問題を読み上げる。答えがわかった人は挙手をして答えを発表する。中には、指名されるまで待てずに答えてしまう子どももいるが、順番を守って答えることができるよう促す。

**なぞなぞの問題を読み、答えを考える**

- 各々で問題に取り組む。
- 読字が難しい子どもについては、支援者や保護者が代読する。
- 問題が難しい場合は、子どもに合わせてヒントを出し、回答に導く。必ずしも正答しなくても構わない。

**指名された人が発表する。指名されるまで待つ**

- 全員で答え合わせをする。全員に「耳カード」を配る。
- 支援者が問題を読み、挙手を促す。「口カード」を渡された子どもが答えを発表する。
- 「耳カード」：耳だけが描かれたカード。話を聞く。話をしてはいけない。
- 「口カード」：口だけが描かれたカード。カードを持っている人が発言できる。

## 📝発達支援のポイント①

### ■各児に合わせて、自身で問題が解けるよう介入する

　まずは、子ども自身で問題に取り組む。子どもにとっては難しい問題もあるが、適宜、ヒントを出しながら意欲的に取り組めるように励まそう。

　えりかさんは、漢字を読むことや文章を読んで意味を把握することが難しい子どもである。読めずにあきらめてしまうことがあるため、配布した問題文は文字を大きくしたり、読みやすい書体にしたりと、一人でも取り組めるよう工夫し、達成感が得られるようにした。

　ゆうくんは、じっくり聞くことや考えることが苦手である。支援者がゆうくんの質問に答えて話しているにもかかわらず、気持ちがそれてしまい「うるさい」と言ったり、次の問題に取り組んでいたりとマイペースな一面がある。他の問題文を隠して1つの問題に注意が向くよう促したり、短い言葉で声かけをして、注意が持続するようなやりとりをしたりと対応を工夫することで、短時間でも注意を向け、問題が理解できるよう促した。

## 📝発達支援のポイント②

### ■「耳カード」「口カード」を使い、場面に合わせた行動への気づきを促す

　全員で答え合わせをする場面では、答えがわかるといち早く発言しようと、指名される前に正答を発言してしまう子どもがいる。

　「耳カード」と「口カード」を利用することで、場面に合わせた行動への気づきを促した。それぞれのカードの意味を、カードを配る際に十分に確認する。言葉での声かけは極力せず、カードを提示することで気づきを促す。カードに気づき、自分の行動を振り返る時間をもつことで、行動のコントロールへとつながる。

## 【職員の動きやこの場面における注意点】

> 　場面に合わせた行動や発言を定着させるためには、子ども自身が気づき、気持ちや行動をコントロールすることが必要である。「誰かに注意されたから」やるのではなく、「自分で気づいたから」やることは、子どもの自信へとつながる。また、それに周囲の人が気づき、声をかけることも大切である。完璧に適切な行動ではなかったとしても、気づけたこと、行動をコントロールしようとしたことに目を向け、その行動を褒めることで本人のモチベーションが高まる。
> 　注意をすることも時には必要だが、他児の前で注意をされることで自尊心が傷つけられ、不適切な行動をとってしまう子どももいるため、配慮が必要である。

## 05 振り返り、今後の取り組みなど

　本事例では、視覚的な手がかりを用いること、自分や他児の考えを共有することで気持ちや行動のコントロールを促す場面を報告した。視覚的な手がかりを利用することには、活動の理解を促すためだけではなく、参加児が自分の行動を客観的にみたり、振り返ったりするための手がかりとするねらいがある。

　小集団での社会性への支援は、以下の2点も重要であると考える。

### ●課題や場面設定の工夫

　集団支援に参加している子どもが抱えている問題は様々で、知的な遅れのある子ども、文字の読み書きが苦手な子ども、衝動性の高い子どももいる。学齢期は学習や他者とのコミュニケーションがより複雑になり、それぞれが抱える問題から、課題への取り組みや他者とのかかわりが消極的になってしまうことも少なくない。視覚的な手がかりの使用や、課題の提示方法を変えること（文字のサイズや音声提示等）で活動への参加をスムーズにし、達成感を得ることで自己肯定感が高まり課題への取り組みや他者とのかかわりに意欲的になることが期待される。

　また、参加児の好きな物事にも注目し、他児と共有すること、その物事の理解を深めていくことも効果的である。

### ●活動での経験を日常へ般化する

　活動で学習した他者とのかかわり方や場面に合わせた行動を、日常生活にどのように般化させていくかは今後の課題である。この課題を達成する方法の1つとして、学校や生活の中での家族や本人の困り感を把握し、集団活動でのやりとりに取り入れることがあげられる。生活の中でうまくいかない場面と似た状況を設定することで、それを解決したり回避したりする方法を子どもと一緒に考え、実践することができる。また、他者のやりとりの様子も見ることができるため、場面を客観的にとらえやすくなる。

　子どもの支援では、家族の困り感に焦点が当てられがちだが、子ども自身の困り感を把握することも必要である。

　小集団での活動は、前述した社会性の獲得へ向けた活動だけではなく、学校での活動における本人のストレス・緊張を和らげる等もこれらの活動に付加されると考えている。

事例 5

## ぷれワーキング（職場体験実習）

# 地域での社会体験の積み重ねにより、人とかかわる喜びや自分がやりがいを感じることを見つけていく

ダウン症、11歳

## 01 子どもの紹介

● **名前、年齢**
東のぼるくん（仮名）（男児、11歳）

● **家族構成**
父親、母親、兄、姉

● **生活歴**
特別支援学校小学部に在学中。半年に一度、小児科医による発達検査を受けている。両親ともに献身的に本人の将来について思案している。

● **本人の特徴や今後のねらいなど**
ダウン症。小児科の発達検査では、現在4歳の域に入った段階との診断。発語が増え、人とコミュニケーションをとりたいという欲求が高まってきている。人から評価を受けることや注目を浴びたいという意思表示が明確に見受けられるので、「ぷれワーキング」（職場体験実習）の活動の中で、地域の人とかかわる社会参加の場を提供し、やりがいを感じることを見出していく。

## 02 事業所の概要・紹介

● **事業所**：特定非営利活動法人M
　　　　　　放課後等デイサービスC
● **設置年月日**：平成23年11月1日
● **職員構成**：常勤職員3名、非常勤職員7名
＜内訳＞
児童発達支援管理責任者／管理者1名、児童指導員2名、障害福祉サービス経験者5名、障害福祉サービス経験者兼運転手2名

## 03 放課後等デイサービス計画（個別支援計画）

### 放課後等デイサービスC　個別支援計画

利用者　東のぼる　様　支援計画実施期間　平成28年10月〜29年4月

| 本人と家族の思い | 仲のよい人（好きな相手）とコミュニケーションをとり、一緒に楽しく遊びたい。<br>自分の話を聞いてほしい。言いたいことを相手にわかってもらいたい。<br>自分を認めてもらいたい。<br>きっちりとトイレで排便ができるようになってほしい。<br>社会的マナーやルールを覚えていってほしい。<br>「ぷれワーキング」に参加し、できることや得意なことを見つけていってほしい。 |
|---|---|

| ニーズ | 支援目標・課題 | サービスの内容 | 期間 |
|---|---|---|---|
| 短期目標 | トイレへ行く意識をもってもらい、習慣化することを目指す。 | トイレへ行くことの意味や必要性をわかってもらえるように、絵カードを使って学んでもらう。 | 3か月 |
| 長期目標 | 集団行動に積極的に参加してもらい、マナーやルールを覚えてもらう。 | 楽しく数人で遊ぶ機会にも積極的に参加してもらい、共通の1つのことに一緒に取り組むことでルールを学んでもらう。 | 6か月 |
| 家庭・地域連携についての支援 | 学校での様子や取り組んでいる課題を踏まえ、「C事業所」の支援でも実施する。<br><br>「ぷれワーキング」に継続して参加してもらい、達成感や充実感を味わってもらう。 | 学校では数字の概念を覚えるための取り組みをしているので、「C事業所」でも学習の時間を設定する。<br><br>「市役所」の清掃事業を委託されている企業の協力のもとに、清掃作業に参加させてもらう（休業日、学校が1時20分下校の日に1回30分程度取り組む）。 | 6か月 |

## 支援目標について

　のぼるくんは好奇心旺盛で人とのかかわりを積極的に求めていく反面、自分の欲求が満たされない場合に物を投げる、他の児童にいたずらするなどし、意思表示をすることがある。

　学校や家庭では、友だちや年齢の近い兄弟の言動の影響を大きく受け、それらを意思表示の手段として行った結果、問題行動とみなされてしまうこともしばしばあり、今後も家庭・学校・事業所での様子や心身の状況について情報の共有を継続していく。

　人とかかわりたい、評価されたいという気持ちに焦点を当て、「ぷれワーキング」の活動において、清掃活動に参加することで市役所や公共施設の職員から感謝や励ましの言葉をもらうことにより、やりがいを感じ、社会性を育むための機会を提供していく。

## 主な支援内容とそのポイント

①トイレへ行く目的と意識をもってもらうための支援
　場面によって自発的にトイレへ行ける頻度にバラつきがあるので、清潔を保つことの意味を具体的に学んでもらうために、図示や絵カードなどを用いて意識をもってもらえるように働きかけていく。

②集団行動への参加とマナー・ルールについて意識構築
　集団の中で個人の欲求をどこまで満たせるのか、また我慢が必要なのかを感じてもらえるように、交渉や順番を待つ経験を積んでもらい、本人の行動に対して明確な評価を伝えていく。

③教育課程での課題を踏まえての学習支援
　数字の概念の形成に課題がおかれていることに合わせ、教材での学習だけではなく本人が興味をもっている日常生活の中で使用するものを利用し、数字と現物の関係を学んでもらう。

④「ぷれワーキング」の活動の継続
　清掃業務の職場体験に参加してもらい、人とのかかわりの中で達成感や充実感を味わってもらう機会をつくっていく。

事例5

## 04 指導案（一日のプログラム等）

### のぼるくんの指導のねらいと現在の様子（全体像）

| | |
|---|---|
| とらえ | ●手先を使う軽作業は、繰り返し練習する中で覚えていくことができる。<br>●作業や創作活動において、目分量といった大まかな基準では判断が難しいので手順の構造化と明確な模範が必要となる。<br>●自分の欲求が満たされない場合に、不快のコミュニケーションをとることで意思表示をする。<br>●話がしたい、人とかかわりたいという欲求が強く、自発的に人とスキンシップを図りにいく。 |
| ねらい | ◎コミュニケーション・社会的マナーの学習<br>　●承認欲求の受容と理解（支援従事者の共通認識と対応）。<br>　●要求や意思表示のやりとりの仕方を学ぶ。<br>◎言語認知の学習<br>　●日常生活に密接な単語、動作語についての学習。<br>　●数字の概念理解の形成。<br>　●発語を育てる。<br>◎日常生活技術の向上<br>　●トイレへ行く意識の向上。<br>　●行動、動作の目的を学んでいく。 |
| 現在の様子・評価 | ●承認欲求が強く、人から感謝されることや評価を受けることを期待している。<br>●コミュニケーションをとりたいが、相手に聞き取ってもらえずストレスを感じていることが多い。<br>●話す言葉の種類が大きく増えている。<br>●指示や注意の意味が理解できると、順応して行動できる。 |

## 一日の指導プログラム

《登校日》
15：20　通所
　　　　あいさつ　荷物の片づけ　連絡帳の提出　トイレ
＜15：30～16：00　当番の役割（机を拭く・おやつを運ぶ・食器洗いなど、交代制）＞
15：40　おやつ
15：50　個別活動「絵画」（月曜日）、「ぷれワーキング」（水・木・
　　　　金曜日）
16：30　トイレ
16：45　片づけ（自分が使ったもの、自分の連絡帳などの荷物）
17：00　送迎・帰宅

《学校休業日》
　9：40　通所
　　　　あいさつ　荷物の片づけ　連絡帳の提出　トイレ
10：30　「書き方」（土曜日）、「ぷれワーキング」
11：20　トイレ・手洗い
11：30　昼食
13：30　「ぷれワーキング」、外療育（公園・ウォーキングなど）
　　　　集団活動（お楽しみゲーム大会など）
　　　　自由時間（カードゲーム・パソコンの使用など）
14：30　トイレ
14：45　片づけ（自分が使ったもの、自分の連絡帳などの荷物）
15：00　送迎・帰宅

| 場面づくり 5-❶ | 社会体験「ぷれワーキング」 |

### 活動の準備や活動内容

**出発前の準備をする**

- 「ぷれワーキング」参加前に自分でトイレ・着替えに取り組んでもらい、行先と活動内容を再認識してもらうための説明をする。

**現地に到着後、スタッフにあいさつをし、作業の準備をする**

- スタッフと清掃の打ち合わせをし、それぞれの役割とその日の目標を意識してもらう。

**作業終了後、清掃スタッフや館内の職員にあいさつをし、C事業所へ戻る**

- 使った道具をもとの場所に片づけ、手洗いをし、あいさつをして出発する。

## 発達支援のポイント①
### ■目的意識をもち、充実感・達成感を味わってもらう

　公共施設の清掃事業を委託されている企業の協力を得て実施している「ぷれワーキング」（職場体験実習）だが、まずは楽しく取り組むための雰囲気づくりから始め、地域に出て人と交流する楽しみを感じてもらえるような工夫を心がけている。

　「ぷれワーキング」に参加する前に準備をし、統一したユニフォームを着用することで気持ちの切り替えや協調性、一体感が高まる。

　清掃の作業スキルを身につけてもらうこともねらいの１つではあるが、実際に地域の人と触れ合うことや人から褒められて喜びを感じることで、仲間と協力し助け合う気持ちを育むことを意識して取り組んでいる。

## 発達支援のポイント②
### ■社会的マナーを身につけてもらう

　外へ出かける前に身だしなみを整えることや、あいさつをする習慣をつけることも、この「ぷれワーキング」の活動の目的であると考えている。

　あわてることなく準備万端の状態で出発するためには、何分前からどのような順序で具体的に何をすべきかを子どもの特性に応じて組み立て、「ぷれワーキング」に同行する支援者も同様に準備をしていく。具体的に何をすべきかを視覚で覚えてもらえるように、一緒に準備をし、実践を繰り返していくことで身につけていってもらう。

　できたことにはしっかりと評価をし、成功体験として心に刻んでもらえるように褒めていく。

## 【職員の動きやこの場面における注意点】

> 　「ぷれワーキング」の活動に取り組むにあたって、事前に予定を決め、作業工程やその日のスケジュールを本人に理解してもらった上で開始するが、学校生活が基本となるので、その日の学校での様子や心身の状況についての確認を欠かさず行っている。
>
> 　放課後という、子どもたちにとって本来自由であるべき黄金の時間を使っての取り組みであるという意識をもち、何よりも楽しく自発的に取り組んでもらうことを大事にしている。
>
> 　また、社会体験であることに重きをおき、子どもたちが地域の人と交流してもらうことを意識し、作業の報告やあいさつなども支援者を挟まず、ダイレクトに現地の職員と子どもたちがコミュニケーションをとれるように働きかけていく。

場面づくり 5-❷

# 高齢者デイサービスとの交流

## 活動の準備や活動内容

高齢者デイサービスの「夏祭り」に来客として参加するだけでなく、ブースを受けもち、デイサービスの利用者と交流する。

**事前に内容を周知し、希望者で参加する**
- イベントの趣旨を理解してもらい、自らも楽しみ、高齢者デイサービスの利用者にも楽しんでもらう気持ちで参加してもらう。

**出かける前にトイレを済ませ、身辺の準備をしてから出かける**
- 外へ出かける上でのマナーやルールを意識してもらい、気持ちを切り替えた上で出発する。

**夏祭りイベントの中で、接待する側とされる側の立場を味わう**
- 高齢者デイサービスで企画された各ゲームや集団行動を体験してもらう。

## 📝発達支援のポイント①
### ■集団行動への参加
　楽しいこと、人から褒められることが大好きなのぼるくんだが、目標や目的が理解できるとやるべきことに意欲的に取り組む力がある。

　出かける前には外で困らないようにトイレへ行くこと、元気よくあいさつすると相手が気持ちよく接してくれることを体感してもらうことで、のぼるくんに外へ出かける上でのマナーやルールを覚えてもらいたいというのは支援者の願望だが、本人にとっての新たな気づき、楽しみを見つけてもらうことが主要である。

　放課後等デイサービスの事業所内でのバーチャルなSSTではなく、肌で感じる体験をしてもらうことで、新たな課題やニーズの発見をねらっていく。

## 📝発達支援のポイント②
### ■地域交流の中でコミュニケーションを楽しんでもらう
　このイベントでは「子どもたちとかかわることで生活に張りが出る」「交流の中で礼儀礼節などを学びたい」という双方の事業所のもちつもたれつのニーズでの企画どおり、「互いがともに相手のことを想い、自分も楽しむ」という設定になっている。

　イベントの工程、それぞれの役割については構造化されているが、自主性・主体性を大事にするために支援員は雰囲気づくりのみに徹している。

　自己紹介やあいさつを終えた後は、自然に触れ合ってもらえる環境づくりをし、のぼるくんにおいては、要求・順番待ちをどのようにするかを考えてもらう機会として支援員は見守っていく。

## 【職員の動きやこの場面における注意点】

> 　高齢者デイサービス事業所を訪れるにおいて、やはり注意すべき点は事故防止が第一となる。
> 
> 　好奇心旺盛で多動な児童が、デイサービス事業所内で想定すべき行動を事前に支援員で協議し、合理的配慮により誘導や声かけを的確に行えるように準備をしておく。また、高齢者デイサービス職員から、利用者の体調や身辺状況を事前に教えてもらい、把握した上で児童が他の人たちとのかかわり方を少しずつ構築していけるように注意していく。

> 場面づくり
> 5-❸

# 地元商店街のイベントへの参加

## 活動の準備や活動内容

　地域の商店街でのイベント時にお客様に配布されるカーネーションの加工作業を商店街の事務所で行う。
　支援者、ボランティア、商店街組合関係者での共同企画。

### 作業についての説明を受け、内容と工程を理解する
- 作業内容と作業量を明確にし、本人に理解してもらう。

### 花の茎を決まった長さに切断する
- 見本との照らし合わせや、手先を使う作業で感覚をつかんでもらう。

### 質問や相談、報告を自発的にする
- 支援員が気配りによる先回りをせず、要求や作業終了の報告などを本人から言えるように待つ。

## 発達支援のポイント①

**■手先を使う軽作業に取り組んでもらい、達成感や充実感を味わってもらう。**

　カーネーションを既定の長さに切り終えたものを所定の箱に入れる、という作業に取り組んでもらう場面だが、作業内容を理解してもらう上で、手順や完成図が視覚でわかるように示し、本人が集中力を持続できる20分間を目安として作業に取り組んでもらう。

　日常生活全般において、自分にとっての目的を見出すことで、新しいことにも意欲的にチャレンジしていく姿勢を尊重する。また、地域での社会体験の中で役割を担い、人からの評価や感謝を受ける経験を積み、自己肯定感を形成していくことをねらいとする。

## 発達支援のポイント②

**■作業についての質問や要求を自発的にしてもらう**

　商店街の活性化を祈念しての飲食店を中心とした組合による企画に参加することは、子どもたちにとっても貴重な社会体験の機会となる。学校や放課後等デイサービス、家庭とは違った環境で、普段はあまりかかわることがない地域の人たちとの交流の中で周りの人たちの行動や言葉からも学べることがあり、また新たに地域で子どもたちのことを理解してくれる人が見つかるという可能性を秘めた機会でもあるといえる。

　その場で子どもが感じたことを自然に意思表示してもらい、地域の人たちにはありのままの子どもたちの姿を知ってもらい、今後も交流を深めていけるように支援員が仲立ちとなる。

### 【職員の動きやこの場面における注意点】

> 　ここでも支援員は子どもたちが地域交流をすることの意義や目的を十分に理解した上で活動に携わる必要がある。
> 
> 　子どもの生活圏域である地域での居場所を広げるという視点で、子どもと地域の人に生で触れ合ってもらうことを目的としている。
> 
> 　きれいなカーネーションに仕上げることで人に喜んでもらえる充実感がもてる子どもと、子どもとかかわることの楽しさや子どもがもっている力を発見する喜びを感じてくれる地域の人たちとの間を取り持つ意識をもって支援に携わる。
> 
> 　また、家庭で過ごしているときとは違った「顔」で活動している様子を、家族に知ってもらうことも重要となる。

## 05 振り返り、今後の取り組みなど

### ●「ぷれワーキング」の成り立ち

　C事業所は放課後等デイサービスが制度化される前年、平成23年に「児童デイサービス」として障害児支援事業を開始した。当法人M事業所では「障害者自立支援法」施行前から障害者の就労支援を行ってきた。

　障害のある人がいかに地域で充実した生活が送れるかを活動理念としてきた中で、障害児支援で子どもたちの将来を考える上でも社会情勢を踏まえた取り組みが必要と考え、平成24年から「ぷれワーキング」の活動を始めた。「ぷれワーキング」は、特別支援学校や特別支援学級に通う児童を対象とし、学齢期の間から地域住民や地域企業の協力をもとに連携をとり、学校卒業後の進路に向けての職場体験を継続していく活動内容となっている。

### ●生まれた地域で働くために（地域企業との連携支援）

　障害のある生徒が、高等学校就学中に進路を決定する際に、実体験に基づいた意思決定を導き出すのであれば、幼少期からじっくりとできることや本人の特性に合い、やりがいをもつことを見つけるための継続的な機会が必要である。そのことから、週に1回30分程度の放課後の時間を活用して地域企業との連携支援を行っている。

　子どもたちにとって、この活動が「生まれた地域で幸せに働く応援事業」となるよう、地域を主体としたネットワークの構築・発展を推進していく上で重要となる課題が、地域企業との連携と、その企業を開拓していくことにある。

　障害者雇用のとらえ方は企業により異なるが、障害のある人の特性や可能性、企業にとって障害者雇用を行うメリットなどを啓発していくことも必要となる。一方的に障害受容を企業に求めるのでは連携は成立しない。放課後等デイサービスの療育においては、子どもの実体験による自己肯定感を育み、本人にとっての目標を元に意思決定を導き出すことができるかどうか、また企業に向けては目標をもって社会参加したいという意識をもった人とをつなぐには何が必要かをとらえ、橋渡しをしていくことが使命であると感じている。

　今後もこの活動に賛同し、協力してくれる企業を増やし、子どもたちが将来は地域で幸せに働き、自立した生活を送れる社会環境づくりを目指し、既存の制度や組織に依存することなく創造していく精神で活動していきたいと思う。

第2章　発達支援の実践例とそのポイント

事例 6　重症心身障害児の放課後支援

# 放課後を楽しく過ごせる居場所づくりと家族の生活にゆとりを

重症心身障害、7歳

## 01　子どもの紹介

●**名前、年齢**

間宮りょうくん（仮名）（男児、7歳）

●**家族構成**

父親、母親、姉、妹

●**生活歴**

父は平日勤務であるが、帰宅時間は不規則である。本児の入浴介助や週に数回、夜間の本児の見守り等育児への参加と理解あり。母は主たる介護者。本児の日常的なケアに加え、片道40分かけての特別支援学校への送り迎え、家事やきょうだいの育児もあり、常に寝不足と疲労感がある。

●**本人の特徴や今後のねらいなど**

病名：脳性麻痺、点頭てんかん、気管切開術後は慢性呼吸不全、気管支喘息

身体障害者手帳1種1級、療育手帳A1、大島分類1、超重症児スコア32点の超重症児（必要な医療的ケア：気管内吸引、口鼻腔吸引、酸素投与、吸入、経管栄養）

学校と放課後等デイサービスで過ごすことで、本児の成長発達を促すこと、心身ともに安定した状態で通学・通所できることで、家族の生活のゆとりにつながる。

## 02　事業所の概要・紹介

●**事業所**：認定特定非営利活動法人U内、放課後等デイサービスW
●**設置年月日**：平成28年4月1日
●**職員構成**：常勤職員13名、非常勤職員6名（法人全体）
　＜内訳＞
管理者1名、児童発達支援管理責任者1名、看護師3名、言語聴覚士1名、児童指導員3名、介護福祉士4名、保育士4名、事務2名

## 03 放課後等デイサービス計画（個別支援計画）

U法人（放課後等デイサービスW）

　　間宮りょう　　様　　　放課後等デイサービス計画（個別支援計画）

| 総合的な支援方針 |
|---|
| 　入学間もない時期であり、心身ともに変化を感じられることが予想されます。ご本人の表情や訴えを読み取り、異常の早期発見に努めるとともに、放課後も楽しく過ごせるよう支援します。 |

### 長期目標（期間：　1年）

#### 1．心身ともに安定した状態で過ごす

| 短期目標（具体的な目標） | 支援内容（内容・留意点） | 期間（頻度・時間・期間等） |
|---|---|---|
| 1）体調を崩さず通所できる | ・ご本人の疲労度に合わせ、リラックスできる体位や、ストレッチ、活動を提供します。<br>・必要時、排痰ケアを行います。<br>・ご本人の普段の様子を知り、異常の早期発見に努めます。 | 6か月<br>週2回（月・木） |

### 長期目標（期間：　1年）

#### 2．自分の気持ちを表現する

| 短期目標（具体的な目標） | 支援内容（内容・留意点） | 期間（頻度・時間・期間等） |
|---|---|---|
| 1）様々な経験をし、快・不快・喜怒哀楽の気持ちを他者に表現する<br>2）事業所内スタッフや他利用者とかかわりをもつ | ・感覚遊びを楽しみ、快・不快な表情を読み取ります。<br>・他者（スタッフや他利用者）とのかかわりをもったり、一緒に活動を行ったりすることを通じて、様々な反応や意思表示を読み取るよう努めます。 | 6か月<br>週2回（月・木） |

上記の計画について説明を受け、同意しました

保護者氏名　　　　　　　　　　印

児童名　　　　　　　　　　　　印

## 支援目標について

　特別支援学校に入学した小学１年生。入学当初の時期は、学校生活に慣れることが重要であり、支援者側は本人の表情や、訴えを読み取り、放課後どのように過ごすか、状況に応じた支援や活動の組み立てをしていく必要がある。そこで、「心身ともに安定した状態で過ごす」「自分の気持ちを表現する」という長期目標とした。

　また、日常的に母親の負担が大きく、母親は本人には心身ともに安定した状態で通学、通所できることを望んでいる。本人が体調を崩さず通所できることは、母親の生活にゆとりをもたせることだけでなく、母親がきょうだいとの時間をもてることにもつながるため、家族ケアにとっても重要となる。

## 主な支援内容とそのポイント

①心身の安定と異常の早期発見に努める。
　重症心身障害児は、呼吸障害、摂食嚥下障害、消化器障害、栄養障害、てんかん、筋緊張異常、変形など様々な問題を抱えており、身体の成長や加齢に伴う変化も考慮する必要がある。さらに、外的要因（天候や寒暖差等）や、環境の変化に適応しづらい児童も多い。またその訴えも個々により様々である。
　家族から本人に関する情報を丁寧に聞き取り、家庭で行っているケアの方法をできる限り踏襲し、普段との違いや異常がある場合、早期に発見するよう努め、必要な対処を行う。

②様々な感覚遊びを楽しむ。
　小学生となり、学校では様々な経験を積んでいくことになる。放課後等デイサービスでは、放課後の短時間のかかわりであり、限られた時間の中で発達支援の難しさと限界がある。無理なく活動に参加し、本人にとって心地よい場所となるよう、活動の組み立てを行っていく。

③他者との触れ合いを楽しむ。
　放課後等デイサービス内で学童期の利用者同士のかかわりや、時には児童発達支援や日中一時支援の未就学児や成人の方、地域の方とのかかわりをもつようにする。また、家族以外の他人（支援スタッフ）に自分をゆだねる経験は自分の意思や訴えを他人に伝える手段を探り、コミュニケーション能力を高めることにもつながり、将来的には親から自立して生きる力をつけることにもつながる。

## 04 指導案（一日のプログラム等）

### りょうくんの指導のねらいと現在の様子（全体像）

| | |
|---|---|
| とらえ | ●特別支援学校小学部1年に入学し通学。<br>●就学前は、早期教育や医療型児童発達支援（母子通園）に3回／週通園していた。<br>●気管内分泌物が多いときは、1回／時以上の吸引が必要。<br>●筋緊張が強いときには、リラックスできる体位となったり、内服時間を早めたりしている。<br>●快・不快は、表情や手足を動かし意思表示できる。<br>●音楽が好きで、手遊びや童謡を好む。好きな音楽が流れると足をバタバタさせて嬉しさを表現する。<br>●シーツブランコなど揺れる遊びを好むが、トランポリンやバランスボールなどは経験が少ない。 |
| ねらい | ◎リラックスできる体位、ストレッチ、排痰ケア<br>　●放課後の時間を無理なく、安楽に過ごせる時間とする。<br>　●呼吸状態を整え、必要時排痰ケアを行い、心身ともに安定した状態で自宅へ帰る。<br>◎感覚遊びの経験を増やす<br>　●様々な感覚遊びの経験を重ねることで、感覚統合を育む。<br>　●感覚遊びを通して、感情表現を育む。<br>◎コミュニケーション能力を高める<br>　●他者とのかかわり、対話をしながらのケアを通じて、安心感を得る。<br>　●様々な経験を通して、快・不快・喜怒哀楽の気持ちを他者に表現する。 |
| 現在の<br>様子・評価 | ●学校生活と放課後等デイサービスでの過ごし方に慣れ、週間スケジュールを理解し、心身ともに安定した状態で通学・通所できている。<br>●感情表現が豊かになり、本人が発するサインが増え、支援者側も表情等から読み取れることが増えつつある。 |

## 一日の指導プログラム

《学校早帰りの場合》
13：30　下校（特別支援学校にお迎え）
14：00　到着
14：05　バイタルサイン測定、排泄介助（おむつ交換）
14：15　水分補給（注入）
14：30　集団活動（またはリラックスタイム）
15：30　排泄介助（おむつ交換）
15：40　個別活動（またはリラックスタイム）
16：20　内服（注入）
16：40　排泄介助（おむつ交換）
17：00　送迎車乗り込み、出発
17：30　自宅到着

《学校遅帰りの場合》
15：30　下校（特別支援学校にお迎え）
16：00　到着
16：05　バイタルサイン測定、排泄介助（おむつ交換）
16：20　内服（注入）
16：30　個別活動（またはリラックスタイム）
17：00　送迎車乗り込み、出発
17：30　自宅到着

## 場面づくり 6-❶ リラックスできる体位（ポジショニング）、ストレッチ、排痰ケア

### 活動の準備や活動内容

#### 筋緊張を緩和させる体位
- 体全体を屈曲位とする「ボールポジション」をとる。
- 頚部（けいぶ）を前屈させ、股関節や膝関節も屈曲させる。
- 良肢位を保つよう、ポジショニングクッションを活用し姿勢を安定させる。

#### 呼吸を楽にする体位
- 筋緊張亢進は呼吸状態の悪化を招き、呼吸障害は筋緊張亢進の誘因になるため、安楽な良肢位をとることが重要である。
- 半腹臥位（はんふくがい）や腹臥位（ふくがい）がとれると、呼吸機能の維持・改善に有用である。

#### 排痰ケア
- 側臥位（そくがい）や半腹臥位（はんふくがい）や腹臥位（ふくがい）などをとり、痰貯留肺区域を口や気管切開孔より少しでも高い位置にすると良い。

## 発達支援のポイント①

### ■筋緊張を緩和させ、呼吸を楽にする体位

　重症心身障害児にとって、筋緊張と呼吸状態には密接なかかわりがある。腹臥位は舌根沈下や気道分泌物による閉塞性呼吸障害を緩和するだけでなく、背側の胸郭が動きやすくなるため、呼吸機能の維持・改善には有用であるといわれている。

　しかし、筋緊張が亢進しやすい重症心身障害児では、仰臥位よりも不安定で支持面の少ない体位を保持することでかえって筋緊張亢進を招いてしまうこともある。

　なるべく幼少期から様々な体位をとり、慣れておくことが重要である。

## 発達支援のポイント②

### ■排痰ケア

　体位ドレナージ（体位を変えることで痰を排出する方法）により排痰を促し、適切なタイミングでの吸引が必要となる。厚生労働省は2012年度に「社会福祉士及び介護福祉士法」を一部改正し、一定の研修を受けた介護職員・保育士等も一定の条件をもとに痰の吸引などの行為を実施できるようになった。

　当法人内でも、本児にとって必要な医療的ケアは、職種関係なく実施できるように喀痰吸引等第3号研修を受け、事業所内で実地研修を行っている。

## 【職員の動きやこの場面における注意点】

> 　安楽な体位を提供できると、筋緊張の緩和、呼吸状態の安定につながる。一方で、排痰ケアにおいては、様々な体位をとれることが良い。また適切な姿勢を保持することは、周囲への気づきを促し、興味・関心を高めるという発達を促す姿勢管理にもつながる。
>
> 　本人の表情や疲労度に応じてコミュニケーションをとりながら、目的に応じた適切な姿勢をとることは、重症心身障害児の認知活動を促す重要なアプローチでもある。

場面づくり
6-❷

# 感覚遊びの経験

## 活動の準備や活動内容

**感覚を堪能する遊び**

- 揺れや回転を楽しむ遊び：ハンモック、シーツブランコ等
- グッと力の入る感じを楽しむ遊び：トランポリン、バランスボール等
- 触って楽しむ遊び：スライム、フィンガーペイント、小麦粉粘土等
- 見て楽しむ遊び：ドロップモーション、回転する光等
- 聞いて楽しむ遊び：音楽、楽器演奏等

**違いを感じる遊び**

- 感触の違いに気づく遊び：様々な触覚刺激の経験（固いもの、柔らかいもの、ベタベタするもの、ザラザラするもの等）

## 発達支援のポイント①

**■感覚を堪能する遊びを通じて、楽しく心地よい時間を過ごす**

　重症心身障害児は自ら進んで遊びを取り入れることは難しく、様々な経験や積み重ねが少ない。経験不足により、様々な感覚の過敏が強い児童も多い。

　苦手な感覚遊びも、実は経験不足から不快表情として表れていることも少なくない。苦手な遊びや経験したことのない遊びも、経験を重ね慣れ親しむことで楽しい遊びに変わっていくこともある。

## 発達支援のポイント②

**■違いを感じる遊びを通じて、触覚によってものを認識する力を育む**

　気持ちのよい感覚は、心地よいという感情を育む。一方で、感覚が過敏で感触遊びを嫌がる児童も少なくない。ベタベタした刺激が苦手なことが多いので、サラッとした手につかない素材から始め、汚れないように配慮したり、汚れたらすぐに拭けるように準備したりしておく。

　無理に苦手な感触に挑戦するのではなく、好きな感触の幅を広げる介入が必要である。

## 【職員の動きやこの場面における注意点】

> 　重症心身障害児や医療的ケアが必要な児童の場合、健康や体調面への影響から遊びの範囲や内容が制限されることがある。しかし、子どもたちはやってみたい、やってみよう、と好奇心旺盛である。
> 
> 　児童が表出するサインの意味を十分理解することが難しい状況においても、積極的に話しかけ、見せたり一緒に行ったりすることで、本人の「やりたいこと」を引き出すことができる。児童が遊べる環境を整え、挑戦できる支援体制をつくることが必要である。

> 場面づくり 6-❸

# 地域の住民との触れ合い

## 活動の準備や活動内容

**集団活動**
- 空きペットボトルを利用したボウリング、大きなサイコロを使用したすごろく、調理等

**外活動**
- 近隣の散歩、近くの公園へ出かける、美術館への外出等

## 発達支援のポイント①
### ■集団活動から得られる社会性

　重症心身障害児は障害の特性やコミュニケーション方法、刺激に対する反応等様々であり、個別性を意識した活動が求められる。そのため、対支援者（大人）とのかかわりがほぼ大半を占め、集団活動の経験を得られにくい。

　しかし、人は他人との関係の中で生きており、集団の中でみんなと一緒にしたい、認められたい、負けたくないといった思いも大切な感情である。仲間とともに活動する楽しさを感じ、可能性を引き出す支援は、社会性を育む支援でもある。

## 発達支援のポイント②
### ■地域の中で暮らすこと

　天気や陽気のよい日に散歩に出かけると、季節を感じ、風を感じ、太陽の暖かさを感じることができる。積極的に外出をすることは、地域や社会で子どもたちの存在を知ってもらう機会になる。近くの家を通りがかり、軒先の柿の木を見せてもらうと、「もう少し熟れたら取りにおいでね」と声をかけてくれたり、庭のお花を見せてもらうと「お花に負けない素敵な笑顔ね」と声をかけてくれたりもする。

　地域の住民が過ごす場所に積極的に出かけることは、障害がある人もない人もともに助け合える社会の実現につながると考える。

### 【職員の動きやこの場面における注意点】

> 　様々な経験や他者とのかかわりの中で感じる、快・不快の感情は、自己選択や自己決定につながる。
> 　支援者は、子どもの発するサインや自発的な体の動きのもつ意味を見逃さないようにし、関心をもって感じ取ろうとする姿勢が重要である。得られた情報をスタッフ間で共有し、目標設定と介入方法の検討など、スタッフが共通の認識のもと対応していくことが必要である。

## 05 振り返り、今後の取り組みなど

### ●一人ひとりの子どもの経験値を増やす支援

　りょうくんのような、重症心身障害児であり医療的ケアが必要な児童の場合、きめ細やかな個別性の高いケアが必要とされ、そのケアが心身の安定に直結し、心身の安定により遊ぶこと、学ぶこと、社会性を育むことにつながる。

　先に述べたように、健康や体調面への影響から遊びや学習・経験の範囲や内容が制限されることがある。しかし、子どものペースに寄り添い、コミュニケーションをとり、できる方法を模索しながら支援することで、経験を繰り返し積み重ねていくことはできる。その経験の積み重ねが知覚や認知を育むことにつながり、面白い、やってみたいという意欲につながり、自己表現や自己選択をしながら社会の中で生きることにつながる。

### ●支援者会議で福祉と教育の連携を図る

　放課後等デイサービスは、放課後の時間での支援であり、かかわれる時間は限られている。教育における個別教育プログラムと、福祉における個別支援計画との継続性の確保が求められる。現状は、学校へのお迎え時に先生との日々のやり取りしか行えていないが、地域によっては、教育と福祉が一緒に支援者会議を行っている好事例もある。

　重症心身障害の放課後等デイサービス事業を行う事業所はまだまだ少なく、各地域で、各事業所が日々試行錯誤しながら子どもたちとかかわっている。各地域や事業所間での好事例を出し合いながら事業所を増やし、ケアの質を高め、どの地域に住み、暮らしても通える場所があることが重要であると考える。

　そのことは、本人の成長発達はもちろんのこと、家族の生活にもゆとりを与え、家族それぞれの自己実現にもつながると考える。

(参考文献)
倉田慶子・樋口和郎・麻生幸三郎編『ケアの基本がわかる 重症心身障害児の看護 出生前の家族支援から緩和ケアまで』へるす出版，2016
太田篤志『イラスト版 発達障害児の楽しくできる感覚統合 感覚とからだの発達をうながす生活の工夫と遊び』合同出版，2012
土田玲子監，石井孝弘・岡本武己編『感覚統合 Q&A 改訂第2版 子どもの理解と援助のために』協同医書出版，2013
日本相談支援専門員協会編『障害のある子の支援計画作成事例集 発達を支える障害児支援利用計画と個別支援計画』中央法規出版，2016

## 不登校児への支援

# 学校との連携を通して本人を支え、家族支援として母親をサポート

自閉スペクトラム症、13歳

## 01 子どもの紹介

● **名前、年齢**

　北やすのりくん（仮名）（男児、13歳）

● **家族構成**

　母親、兄

● **生活歴**

　3歳児健診で言葉の遅れから、クリニック受診を勧められる。その後、知的障害児通園施設（現児童発達支援センター）に入園。小学校は通常学級に在籍。小学校3年生から不登校になり、現在に至る。

● **本人の特徴や今後のねらいなど**

　本児は、何事にも落ち着いて行動するがマイペース。また、人と少し距離をとることが多く、大きな集団の場や人前に立つことが苦手で、ストレスを抱えやすい。自分から話しかけることは少ないが、話しかけられると応えることができる。自分の気持ちを表現することが苦手である。

　今後は、まず安心・安全の場を保障し、自分の気持ちを表現できるようになること、仲間との関係づくり、学力のサポートを行うことをねらいとする。本人だけでなく家族全体を支援する。また、地域連携では学校との連携を行っていく。

## 02 事業所の概要・紹介

● **事業所**：放課後等デイサービスM

● **設置年月日**：平成22年4月1日（現在開所6年目）

● **職員構成**：常勤職員6名、非常勤職員4名

　＜内訳＞

　管理者1名、児童発達支援管理責任者1名、児童指導員8名

## 03 放課後等デイサービス計画（個別支援計画）

**発達支援プラン**　作成年月日：平成　年　月　日
プラン実施期間：平成　年　月から6か月間

| 総合施設長 | 管理者 | 児童発達支援管理責任者 |
|---|---|---|
|  |  |  |

| 児童名 | 北やすのり君 | 性別 | 男 | 生年月日 | 平成〇年〇月〇日（13歳） | ジェノグラム |
|---|---|---|---|---|---|---|
| 診断名 | 自閉スペクトラム症 | | | 在籍学校 | 〇〇中学校普通学級2年生 | |
| 発達検査 | H〇〇.〇.〇　WISCⅢ.IQ79　PIQ89　VIQ75 | | | | | |

【子どもの様子・発達的特徴】

| 家族支援 | 家庭訪問、訪問支援、延長支援、欠席時の対応、学校送迎、医療連携、特別支援（心理、作業療法）、CSP（コモンセンスペアレンティング）、ペアレントトレーニング、グループカウンセリング、必要に応じて個別カウンセリング、事業所内相談支援を行います。 |
|---|---|
| 行動面での安全の確保教育的配慮 | 頻繁な他害、自傷の行為や危険な行為等を制止する場合があります。活動の中で興奮しすぎたり、パニックの際は、基本として別室で落ち着くまで見守ります。場合によっては、体をさすったり手を握ったりなど安全に気をつけながら落ち着くのを待つ等の対応をします。 |
| 社会的ルール・マナーへの配慮 | 社会的なルールを伝える際、基本的に言葉の指示で座るように促します。場合によっては手をつないで座るよう促すことがあります。 |

【本人・保護者の願い】

| 友だちとの関係を楽しく、そして絆を深めてほしい。 |
|---|

| 関係連携（Ⅰ・Ⅱ） | 保育園や学校等と連携して、個別支援計画を作成した場合や、就学、就職時に関係機関と連絡調整を行うことがあります。 |
|---|---|
| サービス提供時間 | 行事、研修等、家族のニーズ、道路状況に合わせて、サービス提供時間が変更になる場合があります。また、事情により、病院受診等で遅刻、早退する場合があります。学校休業日には、サービス提供時間が6時間以上になります。 |

【主たる支援と結果】

| | 課題と支援内容 | 〈 結 果 〉 |
|---|---|---|
| ① | 本児が安心できる居場所の提供と、安心して自分を主張できる関係づくりを行います。肯定的なかかわりを大切にします。 | |
| ② | 友だちとの関係で我慢しているときには、大人が間に入り、相手に気持ちを伝えられるようサポートします。 | |
| ③ | 学校の長期休み期間には、学習に加え、戸外活動やSST等を行い、自発性、協調性の発達につなげます。 | |
| ④ | 行事等による集団での楽しみや、達成感を得られるような活動の中で、社会性の発達を促します。 | |
| 家族支援 | 保護者に対して、グループカウンセリング等を提供し、メンタルヘルスケアを行っていきます。 | |
| 地域支援 | 学校との連携を図り、情報の共有と合理的配慮のポイントを伝えていきます。 | |
| 今期のターゲットスキル | 助けを求める。アドバイスを受け入れる。 | |

| | 計画 | 評価 |
|---|---|---|
| 保護者への交付 | | |

上記の内容で発達支援を行います。　社会福祉法人M会　C児童発達支援管理責任者　　　　　印
説明を受けた上記の内容に同意します。　保護者氏名　　　　　　　　　印　　年　月　日
上記の内容で発達支援を行いました。社会福祉法人M会　C児童発達支援管理責任者　　　　　印
説明を受けた上記の内容に同意します。　保護者氏名　　　　　　　　　印　　年　月　日

社会福祉法人M会

## 支援目標について

　本児は自分の意見をもっているが、不安や緊張が強く、なかなか、自分の気持ちを表現することが難しいため、まずは安心できる場で自分の意思や気持ちを表現できることを土台にした。また、お母さんの「友だちとの関係を楽しく、そして絆を深めてほしい」という思いを考慮し、思春期の発達課題である仲間づくりを大切にし、自立に向けて困ったときには人に助けを求めることや、他者からのアドバイスを受け入れるということを目標とした。

　今後は、思春期の発達課題である仲間づくりと学習支援も大切にしながら支援を行っていく。

## 主な支援内容とそのポイント

①安心、安全な居場所づくり。
　家庭、学校以外の放課後等デイサービスを第3の居場所として、本児が安心して自分の気持ちや考えを話せる場所として、職員も本児の考えや気持ちに対して肯定的なかかわりを行う。
②グループ活動を通して仲間との関係を促す。
　人との関係で人前に立つことが苦手であり、ストレスを抱えやすいので、小グループでの活動を通して、職員が間に入り本児の気持ちを代弁したり、他児との関係をつないだりし、小グループの中で他児と交流をもち達成感を得られるようにしていく。
③社会スキルを身につけていく。
　様々な場所で他者とのつながりをもつときに、どのように行動するのかを教えていく。本児は困った場面でも我慢してしまうことが多いので、他者に助けを求めることと、他者の意見を受け入れていくことで、本児の世界が広がっていくので、アドバイスを受け入れることを練習していく。

## 04 指導案（一日のプログラム等）

### やすのりくんの指導のねらいと現在の様子（全体像）

| | |
|---|---|
| とらえ | ●他人の様子を見てじっくり考えてからかかわります。<br>●マイペースです。<br>●何事にも慌てることなく、落ち着いています。<br>●野球には参加しますが、サッカーは意欲的ではありません。<br>●自分から相手に話しかけることは少ないです。<br>●嫌な気持ちを表現することが苦手です。<br>●現在、小学校中学年程度の学力です。<br>●学校へは１～２時間目だけ登校しています。 |
| ねらい | ◎グループ活動<br>　●安心、安全な居場所づくり<br>　●自己肯定感の向上<br>　●自分の感情の表現<br>　●仲間づくり<br>　●相互交流<br>　●社会スキルの獲得<br>◎学力の向上<br>　●基礎学力の向上<br>　●定期テストへの対策<br>　●学校の授業への予習<br>◎学校支援<br>　●学校と事業所の情報の共有<br>　●合理的配慮 |
| 現在の<br>様子・評価 | ●自分の感情を、そのときには言えないですが、後から担任に話しかけてくることが増えました。<br>●グループを意識して、周りの意見も聞きながら活動をすることができてきました。<br>●友だちに対しても、気持ちを表現できるようになってきました。<br>●学習に対する意欲が高まり、自ら進んで課題を用意し、自分で目標を立てて学習を進めることができました。<br>●小学校高学年程度の学力がついてきました。<br>●学校へは１～２時間目に登校してから、事業所に来る習慣が身につきました。 |

## 一日の指導プログラム

| 10:00 | 登園、朝のミーティング ||
|---|---|---|
| 10:10 | 学習グループ<br>※国語、数学、英語、社会、理科（実験も行う） | 活動グループ<br>※プリント、木工活動、体力づくり（長距離散歩、球技、スケート等）、地域の清掃活動 |
| 12:00 | 中休み ||
| 12:30 | 給食 ||
| 13:30 | 外活動 ||
| 14:20 | 掃除 ||
| 14:30 | 帰りのミーティング ||
|  |  ||
| (18:00) | 夜間学習支援 ||

# 居場所づくり、グループ活動、家族支援

## 活動の準備や活動内容

　不登校の子たちの、自己肯定感の低さと自分の所属感のなさから、まずは安心・安全な居場所を保障する。その中で、様々な活動を同じ境遇の仲間たちと取り組むことで、人間関係への苦手意識の回復や、仲間づくりを通しての自己肯定感の回復を目指していく。家族支援では、グループカウンセリング、個別カウンセリング、自助グループ、同学年の親のピアサポートグループ、コモンセンスペアレンティング、トラウマワークショップ等を通じて家族全体をサポートしていく。

### スポーツ活動

- 地域のスポーツ施設を利用して、主に、テニス、バドミントン、キャッチボール、野球などで体を動かしていく。楽しみながらストレスを発散していく。また、スポーツを通して、子どもたちが元気になり、仲間や職員と協力したり、コミュニケーションをとったりするきっかけとなり、信頼関係の構築にもつながっていく。

### 畑作業

- 隣町にある畑を借りて作業をしていく。春に畑を耕し、種をまき、水やりや草むしりを行う。ゲーム、スマートフォンなどの刺激が多い暮らしの中で、自然に触れる経験や、自分たちで野菜を育てることの難しさ、収穫の喜びなどを感じ、仲間で共有する。

### クッキング

- 4、5人の小グループで行う。グループの中で役割分担をし、自分の役割を責任をもって取り組むことや、自立に向けた調理スキルの向上、仲間と協力し助け合う経験を積んでいく。また、畑作業で収穫した野菜を使った料理づくりなどは食育にもつながり、達成感につなげていく。

### 社会貢献

- ボランティア活動として、地域の人が利用する公園等のごみ拾いや芝刈り、冬は地域の雪かき等を通して、地域に貢献する体験をし、地域の身近な人から喜ばれる経験を大事にしている。

## 📝発達支援のポイント①
### ■コミュニケーション力を高める
　一人で読書をしたり活動したりすることを好むため、職員が活動の中で小グループにしたり、バディをつくりながら他児との関係をもちやすい構造をつくるようにした。また、自由時間でもトランプやオセロ等を子どもたち同士で行っているときに、職員が間に入り、本児を誘って輪の中に入りやすいように促した。

## 📝発達支援のポイント②
### ■自己肯定感を高める
　日常または学校生活の中での人間関係の困り感により自己肯定感が下がり、劣等感をもちやすいため、日常または活動の中でも少しでもできたことは認めていき、達成感をもてるようにしていく。

　活動のプログラムも、理解しやすく取り組みやすい活動を取り入れていく。（例：サッカーよりも野球を取り入れた。サッカーに比べて野球はルールが明確で、ポジション、動きが一定しているため）また、自宅に閉じこもりがちで体験が少なくなりがちなので、夏は仲間とのキャンプや芝刈り等のボランティア活動、冬はスキー合宿や雪下ろし等の戸外活動を行い経験することで自信をもてるようにした。

## 📝家族支援のポイント
　グループカウンセリングや個別カウンセリング、トラウマワークショップ等を通じて、保護者の心の成長をサポートしていく。今までに心に秘めていた気持ちや感情を表出し、共感し合う体験をしていく。また、保護者自身の育ちをみつめたり、自身の家族の機能不全の部分に気づいたりする。そして、そこからくる価値観や信念に気づくことで、それが、どのように子どもに影響を与えていたかということにつながり、自分の子育てをみつめる機会となる。そして、コモンセンスペアレンティングのスキルを通じて、具体的に親子の関係性を変えていく。

　また、保護者自身も子育てを仲間同士で支え合い、孤立しないようにしていく。

## 【職員の動きやこの場面における注意点】

　事業所では、メンタルヘルスケアの側面を大切にし、治療的枠組みととらえ、生活していく中で肯定的な眼差しや、本児のどのような気持ちも大切にすることにした。

　仲間同士のかかわりをつなぐことと同時に、保護者に話せない悩みや気持ちを話せる環境を保障していくこととして、生活の中で本児とも１対１の場面をつくり、学校での様子や家庭での様子等を聞く機会を設けた。

　また、本人だけではなく家族への支援も大切で、保護者へのメンタルヘルス支援では、今までの本人と保護者との間の関係性に気づき、ペアレントトレーニングを通じて関係性を変えていくなど事業所と家族が連携することで、本人の安心感や自己肯定感の獲得がより向上するきっかけになる。

### 場面づくり 7-❷

## 学習の支援

> 活動の準備や活動内容

- 学習についていけないことからくる劣等感への予防と、やることでできるようになる達成感と自信の回復を目標としている。
- 基礎学力向上、学校の授業への予習、定期テスト対策に向けた支援を行っている。子どもたちの学力や発達に応じた学習教材を用意する。目で見て理解しやすいように、視覚教材を活用している。

## 発達支援のポイント①
### ■学習を視覚化していく

　各教科、本児が目で見て理解しやすいように工夫をした。英語では、スライドを使ったり、数学ではホワイトボードに公式を書き、穴埋め問題にしたりした。本児が悩んだり、理解できなかったりするためモチベーションが下がってしまわないように、わからない問題の場合には、すぐに答えを教えて、本人が答えられるようにした。

　そして、答えられたら褒め、できたという達成感をもてるようにした。

## 発達支援のポイント②
### ■体験型の学習

　社会等の暗記が必要なものは、声に出して音読し覚えられるようにした。また、漢字や英単語も3回、5回と繰り返し書いて覚えるようにした。漢字がわからないものは、辞書を引いて調べる等し、わからないという状態にならないようにした。理科は実験を中心に進めてDNAの模型や結晶をつくってみるなどした。

　学習時の問題の出し方も、最初は職員から本児へという流れだったが、理解できたところが増えてきた時点で、少しずつ子どもたち同士で問題を出し合ったり、また、本児もできているところは他の子に教えたりした。

　五感全部を使って、覚えていくという勉強を行った。

### 【職員の動きやこの場面における注意点】

> 　まずは、本児が理解できるところ、また、少し頑張ればできる問題から始めるようにした。本児は繊細でストレスに弱い面があるので、理解できない問題で悩んだり、考え込んでしまうとモチベーションが下がってしまうので、すぐに答えを教えてから本人が理解するという教え方をした。
> 
> 　そして、教えてできたら褒めて、達成感がもてるようにし、自信につなげていった。本児にできない、わからないという状態を極力少なくするようにし、最後はわかった、できたという状態で終わらせるように意識した。
> 
> 　また、学校に登校するにあたり、予習を大切にした。授業で習う箇所の少し前の箇所を予習し、既に習って少し理解できるようにしてから登校した。学校に登校し授業を受けた段階でわからない、できないというストレスを軽減できるように配慮し、モチベーションが下がらないようにした。

**場面づくり 7-❸**

# 学校支援

## 活動の準備や活動の内容

　事業所職員は学校と事業所とのパイプ役を務め、まずはお互いの情報共有をした。また、担任と本児の状態を話し合い、かかわる際の配慮点を伝え、環境やかかわり方の合理的配慮を行ってもらった。

- 1時間の授業の流れに見通しをもたせていく。
- 学習の仕方を個別に提示していく。
- グループによる活動の設定。
- 学習内容の変更・調整。
- 情報・コミュニケーションおよび教材の配慮。
- 学習機会や体験の確保。
- 心理面・健康面の配慮。

## 📝発達支援のポイント①
### ■学習上または生活上の困難を改善・克服するための配慮
（1） 1時間の授業の流れに見通しをもたせる。

　　　一日の流れを視覚化してわかりやすくすることで、1時間の授業の流れに見通しをもたせるようにした。黒板に1時間の間でやらなければならないことを板書したり、美術のような作業工程が明確な教科の授業では、何分までに何をするかを明確に示した。タイマーの利用も効果的だった。

　　　見通しがもてない場合には、個別に教科書や資料のページを示すなど、どこを学習しているかを知らせることで、流れの理解や安心感につなげるようにした。また、曖昧な言葉や急な変更はできるだけ避けるように配慮して授業を行った。

（2） 学習の仕方を個別に提示し、理解を促進

　　　取り組むべき内容や方法を理解できていないことや、理解することに時間がかかる場合には、全体に指示した後に、本児の様子をみながら個別に指示を行った。

（3） グループによる活動の設定

　　　本児は大きな集団の場が苦手なため、小グループでの活動を多く取り入れるようにした。

## 📝発達支援のポイント②
### ■学習内容の変更・調整
　　　本児は、全般的に学習内容の習得が困難な状況であったため、理解の状況を把握しながら学習内容の変更・調整を行った。

　　　本児は、板書をそのまま書き写すことが難しく、書字に時間もかかるため、ワークシートを用いて、空欄に入る答えを書き写すようにした。

### 【職員の動きやこの場面における注意点】

> 　対人面での緊張が強く、苦手な学習に対する不安感も強くみられることから、担任は否定的な言葉かけは避け、褒めることを心がけた。学習場面でも、できるだけ成功体験を積み重ねられるようにした。また、本児が他の生徒とのかかわりをもちやすくするために、本児と同じ事業所に通うメンバーを同じグループにするなど、心理面に配慮した小グループの編成を行った。
> 　本児が学校行事に参加する際には事業所職員が事前に活動の内容を知らせたり、練習することで見通しをもち、安心して行事に参加できるように配慮した。

## 05 振り返り、今後の取り組みなど

### ●学校支援および家族支援

　不登校の子どもは、学校に適応できなかったことによる罪悪感をもちやすく、自己肯定感の低さと自分の所属感のなさを抱えている。そのために、まずは安心、安全な居場所を提供することが土台と考える。また、思春期の発達課題として仲間との関係性が大切であり、放課後等デイサービスの活動を通して補完してきた。

　そして、社会性の獲得というところで、大人に助けを求めたり、アドバイスを受け入れたりする等の社会スキルをコモンセンスペアレンティングを用いた支援を通して獲得を目指してきた。

　学校支援では、事業所で自己肯定感を高めて本児が理解しやすい形で学習支援を行い、基礎学力をつけ直し、土台づくりを丁寧に行うことで、本児の登校へのモチベーションが高まり、また、学校でも本児の特性に合わせた配慮を行い、相互の連携ができたことにより、継続した登校へとつながったと考えられる。

　そして、本児への支援だけではなく、家族全体をサポートすることが大切で、母親に対しても、グループカウンセリング、自助グループのメンタルヘルスケアと、コモンセンスペアレンティングを用いて家庭での本児との関係性を変えることを行ってきた。

　母親については、以前は「学校に行ってほしい」という思いだったが、メンタルヘルスケアを継続したことで「まずは、本児の意思を尊重すること、本児らしく生きられることが大切」といつのまにか価値観が変化していったと話されていた。

### ●求められる包括的な支援

　子どもが不登校ということで、家族が孤立するリスクが高まり、孤立すると、家族が密室化するため家族の問題が膠着してしまい、二次障害を伴う危険性がある。そのため、複数の視点から考え、支援するためのソーシャルワークが大切となってくる。子どもが不登校になっても地域の中で、安心・安全な場所を保障するという点で、家庭、学校以外の第3の居場所として放課後等デイサービスの役割は大きいと思われる。

　不登校の支援は包括的な支援が必要になるため、福祉、教育、医療の連携が不可欠と考える。子ども、保護者への直接的な支援とともに、家族のシステムを意識したソーシャルワークと地域の中で顔の見える、連携できるネットワークづくりが不可欠と考える。

## 事例 8 意思決定、余暇支援

# 自分の意思で活動を決定し、生きがいをもって過ごせるように

知的障害、12歳

## 01 子どもの紹介

● **名前、年齢**
羽石新くん（仮名）（男児、12歳）

● **家族構成**
父親、母親、兄

● **生活歴**
　家族全員が新くんを大切にしている。近くに住む祖母も、新くんのことをとてもよく可愛がってくれていたとのこと。その祖母が他界したときに、新くんの今後を考えての利用となった。

● **本人の特徴や今後のねらいなど**
　3歳のときに、知的障害と医師より診断を受けている。診断後は言語・作業療法に通いながら、地域の保育所を経て、小学校の特別支援学級に通っている。スポーツプログラムを通して、新くんの成長にあった集団遊び（仲間とのかかわり）や筋肉や関節をダイナミックに動かし発達を育成していける環境プログラムのもとで、新くんの自己決定も尊重しながら成長を育んでいきたいと思う。

## 02 事業所の概要・紹介

● **事業所**：S
福祉型児童発達支援センター・放課後等デイサービス・相談支援事業

● **設置年月日**：平成25年9月1日

● **職員構成**：常勤職員6名　非常勤職員4名　スポーツ講師8名
　＜内訳＞
管理者1名、児童発達支援管理責任者1名、介護福祉士1名、保育士1名、障害福祉サービス経験者4名、相談支援員2名

## 03 放課後等デイサービス計画（個別支援計画）

利用者氏名　　羽石　新　　様

作成者
児童発達支援管理責任者　〇〇〇〇

### 1．利用者および家族等の要望

| |
|---|
| 本　人<br>・友だちをつくりたい<br>・フットサルがしたい<br>・楽しみながらできるプログラムに参加したい |
| 家　族<br>・一人でできることが増えてほしい<br>・体を動かす機会を設けたい<br>・活動の場を広げてほしい |

### 2．支援目標と課題

| |
|---|
| （1）長期（内容および期間等）<br>・自分の意思で活動を決定し、生きがいをもって過ごせるようになる。 |
| （2）短期（内容および期間等）<br>①自分の好きなこと（物）を選べるようになる。<br>②好きな活動をもとに体力アップ、仲間との活動を楽しめるようになる。 |

### 3．具体的な課題および支援計画等

| 要望実現のための具体的課題 | 支援内容 | 支援期間<br>（頻度・時間・期間等） | 担当部署<br>担当者名 | 優先順位 |
|---|---|---|---|---|
| 自分の好きなスポーツプログラムを選ぶことができるようになる。 | 新くんの希望のフットサル、スポーツプログラムメニューのスイミング、ボウリング、トランポリン、運動遊びストレッチも体験し、新くん本人が「楽しい」「取り組みたい」と思えるものを新くんの思いや活動の様子から新くん自身で選べるように支援していきます。 | 4回／週<br>13：00～18：00 | 児童発達支援管理責任者<br>スポーツプログラムインストラクター | 1 |
| 自分の好きな食べ物や外出先を選ぶことができるようになる。 | 3時のおやつは、若松共同売店や「ももや」に並んでいる商品の中から新くんが自分で「今、食べたいもの」を選び購入して食べられるように支援していきます。月8回の外出プログラムから興味のある活動を自分で選び、外出を楽しみます。そのときの活動の様子や興味関心の深かったものから新くんの嗜好を探っていきます。 | おやつ<br>4回／週<br>15：00～16：00<br>外出<br>1～2回／週<br>9：00～17：00 | 児童発達支援管理責任者<br>保育士 | 2 |
| 集団活動の中で友だちと活動をともにすることでの嬉しいこと嫌なことがあったときに、気持ちを言葉で伝えることができるようになる。 | 嬉しい思いのときは「楽しいね」「嬉しいね」と笑顔で新くんの思いをスタッフ側も言葉として共感した気持ちを伝え返していきます。怒る、泣くなどの様子がみられた際はともに気持ちを共感し合い、環境を変えて話しやすい状況をつくり感情を表現していけるように話し合っていきます。言葉にならないものも受け止め、新くんの気持ちを言葉にして返していきます。 | 4回／週<br>13：00～18：00 | 児童発達支援管理責任者<br>保育士 | 3 |

## 支援目標について

　放課後に家に帰った後は一人で過ごす時間が長い生活だった。また、自分の気持ちを表現することが苦手なため、自分の思いを我慢することが多くみられる様子であった。

　室内で遊ぶことが多く、体を動かすことが好きではないことも母親は心配していた。自分が興味をもてることを主体的に選択し、スポーツや外出のプログラム活動を通して体を動かすことに慣れるとともに、同年代の子どもたちとかかわる中で自分の思いを伝えることができるようになることを目標とした。

## 主な支援内容とそのポイント

①主体的に選んだスポーツ活動を通して、体を正しく動かせるようになる。

　放課後は一人で過ごす時間が多かったことから運動不足傾向であり、スポーツも苦手としていた。自分の思いを人に伝えていくことも不得手であったため、プログラムの中から自分が興味をもてるものを主体的に選択すること、選択したスポーツプログラムを通して健康な体づくりを支援していくこととした。

　複数のプログラムを実際に体験することで自分でもやれる、やってみたいと興味がもてるものが見つかるように支援していく中で、本人が主体的にプログラムを選べるように促すこととした。結果的に本人が選択したのはフットサル講座だったが現在は興味が広がり、フットサルに加え、スイミングとボウリング、トランポリンも受講している。

②外出活動、おやつ選びを通して自分の思いを伝えられるようになる。

　スポーツプログラムに加え、週末の外出プログラムやチャレンジプログラムに参加し、同世代の子どもたちとの交流を深めていく中で、自分の思いを周りに伝える機会を増やしていくことにした。

　様々な外出先の中から自分の行きたい外出先を選ぶこと、自分が選んだ自分の行きたかった場所での人とのかかわりの中で自分の思いを伝えやすい環境づくりに取り組んだ。

　活動中のおやつの購入などでも、自分の好きなものを選択する機会を与えるようにしていった。

## 04 指導案（一日のプログラム等）

### 新くんの指導のねらいと現在の様子（全体像）

| | |
|---|---|
| とらえ | ●スポーツプログラムメニューから好きな活動を選ぶことができる。<br>●スポーツメニューでの楽しさを感じることができる。<br>●体を動かすことで体力・筋力の向上につなげる。<br>●自分の行きたいと思う外出先を選ぶことができる。<br>●自分の好きなお菓子を選ぶことができる。<br>●お金の支払いをお店の人とできるようになる。<br>●気持ちを共感していく（言葉・表情・ボディランゲージ）。 |
| ねらい | ◎自分の好きなことがわかるようになる<br>　●スポーツメニュー選び。<br>　●活動選び。<br>　●おやつ・ごはんメニュー選び。<br><br>◎体力・筋力の発達向上<br>　●体をダイナミックに動かすことができる。<br>　●スポーツを楽しむことができる。<br>　●持続的な筋力の発達につなげる。<br><br>◎コミュニケーション理解<br>　●感情の表現ができる。<br>　●自発的な発語を促す。<br>　●お店の人との言葉での意思疎通。 |
| 現在の<br>様子・評価 | ●スポーツメニューから好きなメニューを選んでいる。<br>　（現在、フットサル・ボウリング・スイミング・トランポリンを行っている）<br>●そのときに食べたいもの、おやつを選べている。<br>●体を動かし、スポーツや活動を楽しんでいる。<br>●自発的な言葉が増えてきている。<br>　（新くんから、スタッフや友だちを笑わせようとすることもみられるようになった） |

## 一日の指導プログラム

【平日】

| 時間 | プログラム | 内容 |
|---|---|---|
| 15：00 | おやつ選び | ・財布を準備する。<br>・「共同売店」か「ももや」に行くか選ぶ。<br>・選んだ行先に出かける。<br>・売り場に並んでいるおやつやジュースの中から、食べたいものや飲みたいものを選んでかごに入れる。<br>・会計をする。<br>・店員さんに言われた金額、またはレジに表示された金額を理解する。<br>・財布から、その金額を出すことができる。<br>・店員さんに渡すことができる。<br>・レシートをもらうことができる。<br>・商品をもらうことができる。<br>・お礼を伝えることができる。<br>・S事業所に戻って食べるか、その場で食べるか選ぶ。<br>・手を洗う。<br>・手をハンカチ・ペーパータオルで拭く。<br>・おやつを食べる。 |
| 16：00 | スポーツプログラム | スイミング（月）、ボウリング・トランポリン（火）、フットサル（金）<br>・それぞれのスポーツに適した服装に着替える。<br>・服の裏・表を間違えずに着替えることができる。<br>・それぞれに必要な備品を揃えることができる。<br>・準備体操を行う。<br>・スポーツで体を意欲的に動かすことができる。<br>・声かけを行い、コミュニケーションの充実を図る。<br>・表情に変化がみられたときには、声かけをスタッフから積極的に行っていく。<br>・状況ごとの感情に共感し自信につなげていく。 |

場面づくり
8-❶

# スポーツ活動

## 活動の準備や活動内容

### スイミング

目標：泳げるようになりたい

スイミングでは「泳げるようになりたい」という新くんの目標に向かって進めていく。プールに入ってのウォーキングやプールサイドに座ってのバタ足の練習、ビート板を使って泳ぐ練習に取り組む。

### ボウリング、トランポリン

目標：体をダイナミックに意欲的に動かす

ボウリングではピンを数多く倒すことを楽しむ（補助レーン使用）。トランポリンでは、体全体をつかって飛び跳ねること、それを楽しめるようになることを目指す。

### フットサル

目標：チームでの意思疎通を図りゴールを目指す

①技の習得（ボールとばし、ボールキック、リフティング等）。
②チームメイトとの意思疎通、コミュニケーションを育む（アイコンタクト、ボールパス、声のかけ合い）。

ボールを怖がらないようになることから始める。ボールパスは大人とのやりとりを中心に行い、慣れれば子ども同士でも行えるようにしていく。

## 発達支援のポイント①
### ■スポーツのプロの目線から目標に向かっての課題設定を行う

　新くんが自分で選んだ好きなスポーツ（スイミング、ボウリング、フットサル、トランポリン）では楽しみながら大きな関節や筋肉をスムーズに動かせるようになることを目指す。好きな活動を行うこと（自分の活動は自分で決めること、自主性を尊重していくこと）で、自発的に取り組むことができ、意欲を高めることができる。

　スイミングでは「泳げるようになりたい」という新くんの目標に向けて、プロの目線から順次、課題設定を行っていく。今は水を怖がらずに顔をつけられるよう、水に慣れるための水中ウォーキングを中心に行っている。プロコーチ、スタッフ、同じように頑張っている子どもたちと一緒に取り組むことで、新くんも意欲的に行っている。

## 発達支援のポイント②
### ■気持ちを受け止めて挑戦意欲へつなげていく

　好きな活動を選びながらも、その中で取り組む課題はたくさんある。最初、フットサルでは飛んでくるボールが怖くて逃げ出していた。時には泣き出すこともある。

　そんなときスタッフは新くんの「ボールが怖い」という気持ちに寄り添い、思いを受け止める。ボールを恐れず活動できるように、スタッフが横に立って、きたボールを優しいパスに変えて回したり、ボールのスピードを知るためにコーナーサイドから一緒に見学したりと新くんの状況に応じて一緒に活動する。ボールを恐れずにチームメイトとやりとりできるようになったら、スタッフは自然にフェードアウトし自発的な活動を見守る。

## 【職員の動きやこの場面における注意点】

　プロコーチだからできる課題設定があり、コーチがすぐに判断し成長を促していけるように、スタッフはできるようになった部分を敏感に察知し、新くんの心の動きとともに情報提供に努める。また、その部分（新くんが褒めてほしいところも含め）を見逃さずに、コーチ、スタッフ、あるときは子どもたち同士で声をかけ合っていくことで、(ex. スイミング「今日は、この前よりも多く○○メートルも歩けたね！　やるね！」)新くんは、成長している自分・できなかったことができるようになった自分に気づくことができ、笑顔も増えていく。

　体力・筋力アップと表情の豊かさは比例して伸びているように思う。褒められること、認められることで、自信につながり活動量も増えていく。

場面づくり 8-❷

# せんべいづくり体験（お出かけ）

## 活動の準備や活動内容

活動内容：お菓子づくり、創作体験、公園、お祭りへ出かける

活動準備：行く活動先に必要なもの、服装

### 外出先を選ぶ

- 多くの外出プログラムの中から、参加してみたいものを自分で選択する。
- 選択の理由をスタッフに話すことで、自分の思いを伝えることの大切さを学ぶ。

### 他者と気持ちを共感する

- 自分の驚きや感動を言葉にし、プログラムに一緒に参加したスタッフや仲間に伝えることで、お互いに思いを共有し、共感できることを知る。

## 発達支援のポイント①

### ■チャレンジしたい気持ちを大切にする

　食べるものがどのようにできるのか興味をもった新くん。共同売店にも商品となって並んでいるせんべいが自分でつくれることを伝えると、自分でつくってみようと「せんべいづくり体験」へのお出かけの参加を決めた。

　実際にせんべいを焼くときには、熱い状況で手早く両面を焼いていくことに驚きながら、できたせんべいに大喜びしていた。出来上がったせんべいは、「家族へのおみやげにする。皆喜んでくれるかな！」ととても楽しみに帰っていった。

## 発達支援のポイント②

### ■実際に体験することで感受性を育む

　車が大好きで、車のおもちゃでよく遊んでいる。お出かけ先の「消防車に乗りに行こう！」「世界の車に乗りに行こう！」で実際の消防車や車を見たり乗ったりの体験をすることで、本物の迫力を体験していく。

　鮭祭に出かけたときは、いつも食べている切り身の鮭が一匹で大きいことや、川で泳いでいる様子や飛び跳ねる様子、泳いでいる川の水の冷たさに驚いていた。

## 【職員の動きやこの場面における注意点】

> 　本物に触れることで生まれる驚きがあり、そのことでしか育まれない感受性がある。実際の迫力ある本物に触れて感じたり、驚いたりしたことを大切にして育んでいく。また、同じ感動を皆で味わっている。
> 
> 　同じことを体験し経験していく中で、新くんから面白い話や面白いことをして仲間を笑わせようとする場面がみられるようになった。仲間を驚かせ笑わせることが楽しいようである。人とかかわることの喜びを感じてもらえるようになった。

> 場面づくり
> 8-❸

# おやつの購入

## 活動の準備や活動内容

準備するもの：お財布、お金

活動場所：「共同売店」または「ももや」売店
　　　　　（行先も自分で選択する）

### 自分で選択する

- おやつを買う場所を選ぶように促す。
- その日使うお小遣いの金額に合わせ、買いたい駄菓子の組み合わせを考える。
- 足し算や引き算をしながら、購入する駄菓子を決められるようにする。

### 自分の思いを言葉にする

- なぜ今日はこのお店に行くのか、どうしてこれを買いたいのかをスタッフは新くんに声かけしながら、言葉にできるように促す。
- お店の人や周りにいる人たちとも新くんがかかわりをもてるきっかけを見つけていく。

## 発達支援のポイント①
**■自分の行きたいところ、食べたいものを選び購入する（自己決定の尊重）**

　おやつを買う場所も新くんが選択できるようにして、選択の可能性を広げていく。売り場にはその店の駄菓子（10円～）から袋もの、おまけつき菓子、アイス、ジュースが並んでいる。その中から、そのときに食べたいもの、飲みたいものを新くんが選ぶ。

　買い物は、自然と足し算や引き算をする場面もでてくる。（ex.100円で買える駄菓子はどれとどれを組み合わせるか）子どもにとっては「今日のおやつ選び」は一大事である。大切なそのときに、実際に金銭を使用して金銭概念や買い物のルールを楽しみながら学び、生活のスキルアップを目指すことができる。

## 発達支援のポイント②
**■そのときの思いを大切にしてコミュニケーションを図る**

　「今日は暑いからアイスにしよう」「今日はいっぱい動いてのどが渇いたからジュース」等おやつ選び１つを通しても、季節折々のことやそのときに感じている新くんの思いがでてくる。「何を思ってそれを買うことにしたのか」新くんが思っていることを言葉にしていけるように、スタッフは言葉を返してまた新くんから言葉をもらう。「アイス食べたらおいしいね。涼しくなるね」「フットサル頑張ったからのど渇いたね。ジュースおいしいね」など、活動のことにもつなげて言葉をやりとりする。

　スタッフは売り場のレジの人やその場にいる顔見知りにも会話を広げていき、対スタッフに留めずに関係性を広げられるような働きかけを周囲にも行っていく。

## 【職員の動きやこの場面における注意点】

> 　楽しみながら行っていけるように活動プログラムを組んでいる。将来に向けても、実際の社会の場面で生活スキルを活用していけるようにしている。新くんは顔見知りが増え、声をかけ合える人が増えていくにつれて笑顔でいることが増えてきた。自分の興味のあることが増えていくのがとてもうれしいのだと思う。
> 　新くんが、たくさんの人と交流できるようにつなげていくことも大切な役割の１つである。

## 05 振り返り、今後の取り組みなど

### ●スポーツのプログラムの特徴・こだわり

　障害のある子どもたちは運動する機会が少なくなってしまう現状がある。学校から帰っても保護者の見守りなしに一人で外に遊びに行くことが難しく、習い事の受け入れも制限される場合があることなどが原因である。

　放課後等デイサービスのS事業所は、そうした子どもたちにプロによる本格的な指導のもとに、楽しく体を動かす機会を提供することを目的として設立された。

　さらに子どもたちが習熟度や自分の興味に合わせ、プログラムの中から主体的に講座を選択できるようになること、活動を通じて人との関係づくりができるようになることを目指して活動している。

　スポーツ講座は、月曜日から金曜日まで日替わりでプログラムされている。体をうまく動かせる・使えるようになることを目的としたスイミング、運動遊び・ストレッチ、トランポリン、ゲーム性のある講座としてボウリング、フットサルがある。

　土曜日と日曜日は外出プログラムとチャレンジプログラムで構成されている。様々な場所への外出や体験活動が用意されている。

### ●スポーツのプロと支援のプロの協働

　スポーツ講座の運営面でどうしてもこだわりたかったのは、プロの講師に教えてもらうことだった。何事にもプロだからこそ伝えられることがあると思う。ただし、その道のプロであっても子どもたちを支援するプロではない。スポーツのプロと支援のプロである施設の職員がチームとなって、スポーツに取り組む場を子どもたちに提供している。

　利用する子どもたちが増え、それに伴い技術的なレベルに差が出てきたため、トランポリンとフットサルは習熟度に合わせ複数の講座を構えるようになった。自分の興味に合わせてスポーツを体験し、楽しく取り組めるスポーツに出会えることは素敵なことだと思う。

　今後は、さらに子どもたちの選択の幅が広がるように充実したプログラムをつくりながら、一生を通してスポーツができる環境づくりとして、スペシャルオリンピックスの活動などに取り組んでいる地域の人々との連携も強めていきたいと考えている。

第 2 章　発達支援の実践例とそのポイント

地域交流活動

# 小集団での外出活動を通じた社会技能習得の取り組み

特別支援学級等に通う子どもたち

## 01 子どもの紹介

それぞれ性格に特徴があり発達の個人内差がはっきりしている三人の子どもが出てくる。その特徴や真実性を感じられるよう、実際に使用された書類を添付してある。

- **大場ひろき（仮名）**
  中学校 1 年生通常学級所属・広汎性発達障害・療育手帳 B
- **本木かえで（仮名）**
  中学校 1 年生特別支援学級所属・軽度の知的障害と自閉症・療育手帳 B
- **稲田いさむ（仮名）**
  中学校 1 年生通常学級所属・広汎性発達障害・療育手帳未取得

## 02 事業所の概要・紹介

- **事業所**：放課後等デイサービス C
- **設置年月日**：平成 24 年 4 月（児童デイサービスとしては、平成 17 年 4 月）
- **職員構成**：常勤職員 3 名、非常勤職員 2 名
  ＜内訳＞
  児童発達支援管理責任者 1 名、児童指導員 1 名、保育士 1 名、障害福祉サービス経験者 2 名
- **同一法人内事業**：児童発達支援事業所 1 か所、居宅介護支援事業所 1 か所、生活介護事業所 1 か所

## 03 放課後等デイサービス計画（個別支援計画）

○大場ひろき

| 領域 | | 支援目標 | 支援内容 | 期間 | 優先順位 |
|---|---|---|---|---|---|
| 社会性・情動 | 仲間関係 | 相手の感情を理解することができる。 | 日常会話の中で喜怒哀楽と心配、恥などについて言葉や表情で理解、共感していることを表現できるように、SSTやロールプレイにて実際の方法を身につける。 | 6か月 | 1 |
| | 情動調律 | 結果を考えて実行できる。 | 物事の勝敗や他者とのかかわりにおける葛藤場面にて、気持ちを落ち着けることを優先し、冷静に判断できるように必要に応じて支援者が共感し具体的な対応方法を教え、身につける。 | 6か月 | 2 |

○本木かえで

| 領域 | | 支援目標 | 支援内容 | 期間 | 優先順位 |
|---|---|---|---|---|---|
| 社会性・情動 | 仲間関係 | 仲間の特徴を理解し、話し合いの司会進行ととりまとめができる。 | 実際にリーダーの役割をする中で支援者からの助言を受けながら配慮すべき事柄について理解を図る。徐々に助言を減らし、できている場面を大いに褒めて自信につなげる。 | 6か月 | 1 |
| | | 自ら感情と行動の調整ができる。 | 物事の勝敗や他者とのかかわりにおける葛藤場面を避けるのではなく、支援者の後ろ盾や具体的な表現方法の助言を受けて状況に合った表現を身につける。 | 6か月 | 2 |

○稲田いさむ

| 領域 | | 支援目標 | 支援内容 | 期間 | 優先順位 |
|---|---|---|---|---|---|
| 社会性・情動 | 対人関係 | 相手との関係と自らの行動の影響を理解し応対できる。 | 注意を向けるところを教え、できる限り意識を保つ。期せずして迷惑をかけた際には、状況の説明を受けて適切な言葉で謝罪することに取り組む。 | 4か月 | 1 |
| | 集団活動 | 一般的な社会規範に則り行動できる。 | 主に相談する場面において①発言者を見る、②聞き終えてから発言する、③立場に応じて言葉遣いを区別する。3点に絞り実際の場面で具体的な方法を示すことで身につける。 | 4か月 | 2 |

第2章　発達支援の実践例とそのポイント

## 支援目標について

ひろき：「舌鋒鋭い評論家⇔屁理屈ばかりの批評家」。その両面が極端に表れることから"結果を考えて表現する"ことに絞り立案する。

かえで：「みんなの憧れのマドンナ⇔かりそめの自信のマドンナ」。本来の自分の心と周りからの要望の差を解消するために立案する。

いさむ：「微笑みを絶やさない眼鏡男子⇔眼鏡の奥の瞳に映る本心」。対人関係にて微笑むことで場をしのぐことを解消するために立案する。

## 主な支援内容とそのポイント

ひろき：学校でもデイサービスでも人とのかかわりの上で誤解されてしまう点を自ら気がつけるようになるために、実際に近い場面で取り組み、確実に振り返りをとり入れることが重要である。ただし、本人は考えずに表現した結果の良し悪しは理解できているため、過度に責めることはしない。

かえで：中学生になり緊張や不安を感じると「お腹が痛い」とトイレにこもることがある。家庭でもデイサービスでも周りの大人の期待に応えようと手伝いや心配りができるが、かえって本心を出せず苦しんでいるように思う。時として個別の時間をつくることで日々の悩みを言えるように配慮する。

いさむ：日常生活において不意にぶつかる、相手の話に集中できないなど注意散漫な様子がよくみられる。根本的な性格が温厚であるためトラブルに発展しないものの、期せずして相手を不快にさせていることに気がつけないため、本人を責めるのではなく状況の理解を促す働きかけをする。

事例9

## 04 個人の現在までの様子

### ● 大場ひろき

　同一法人内の児童発達支援事業所を3歳より利用している。WISC-Ⅳの結果からわかるように知的な発達に遅れは認められない（WISC-Ⅳ：全検査107（言語理解121、知覚推理91、ワーキングメモリー100、処理速度107））。幼児期から低学年までは、不安を強く感じる特徴から特別支援学級に在籍していた。教科学習は、公文や問題集を利用し補っている。

　5年生より通常学級に在籍し中学校も同様に通常学級に入学した。しかし、級友とのかかわりに馴染めず学校では大人しく過ごしており、相当のストレスを抱えている。事業所では、勝手知った仲間と過ごすことから自己主張も強く、時として他者の意見に耳を傾けられない様子もみられている。

### ● 本木かえで

　同一法人内の児童発達支援事業所を4歳より利用している。WISC-Ⅳの結果からわかるように軽度だが、知的な発達の遅れが認められる（WISC-Ⅳ：全検査90（言語理解90、知覚推理98、ワーキングメモリー85、処理速度96））。幼児期は、不安の強さから幼稚園に通えなくなり転園をしている。それと同時に発達支援を利用し、成功体験を積み上げることで自信を回復し、特別支援学級へ就学した。

　4年生より本人の得意な授業を交流学級にて受けるようになったが、基礎学力の差や通常学級の級友になじめず精神的な不調から特別支援学級に戻ることになり、中学校は特別支援学級に進学した。事業所では、容姿も可愛いく面倒見もよいことから皆に慕われており、本人も進んでリーダーシップを発揮する姿がみられる。

### ● 稲田いさむ

　6年生になってから放課後等デイサービスを利用している。小学校も中学校も通常学級に通っている。WISC-Ⅳの結果からもわかるように知的な遅れは認められない（WISC-Ⅳ：全検査100（言語理解105、知覚推理98、ワーキングメモリー100、処理速度94））。教科学習についても市販教材を使用し遅れはない。しかし、視覚刺激に対して敏感に反応してしまうことによる衝動性や不注意により集団行動から外れてしまうことが多々ある。学校においても級友に忠告されることが多いものの、本人としては無意識的に行っているため理解できず、微笑み、誤魔化すことで対処している。事業所でも同様にマイペースな様子があるものの、その都度、支援者のかかわりにより状況の理解と対処方法を身につけている最中である。

## 一日の指導プログラム

| 題　名 | ・外出を楽しもう | 日時 | 平成27年6月27日（土）<br>10:00～17:00 |
|---|---|---|---|
| メンバー | 大場ひろき・本木かえで・稲田いさむ　3名 | スタッフ | ○○○○ |
| 目　的 | ・自分で荷物の管理ができる。　　・仲間を意識してかかわる。<br>・話し合いができる。 | | |

| | タイムテーブル | 備　考 |
|---|---|---|
| 10:00 | 来所した子どもの荷物の確認。<br>お金の確認。 | 余分なものを置いていく。<br>子どもと一緒に確認して、決めてもらう。 |
| 10:10 | 始まりの会<br>グループに分かれて話し合い。話し合いを重視するために、他のグループのことが気にならないように、ラズベリーの部屋を使用する。30分時間をかける。<br>今日の目的、注意点をホワイトボードに提示しておく（自分たちで気がつくようにする）。<br>プリントを利用して<br>①自己紹介…インタビュー方式で、ゲーム感覚で、お互いの情報を知る。<br>　いさむが初めてなので、配慮する。<br>②話し合い<br>・昼食をどこで何を食べるか。<br>・どこに行くか。どこを見学するか。<br>　話し合うポイント<br>・いさむは、初めてで、あまり外出もしたことがないこと。<br>・全員の金額は2000円で、その中で交通費と食費が入ること。<br>・16:00には事業所に戻ること。<br>以上の3点<br>③グループでの目標、気をつけること<br>・ひろき・かえでは今までのことを踏まえて意見がでるように。<br>ミッション　課題<br>行った先の写真を、仲間を入れて3枚取る<br>・あまり意見がまとまらないときは、交通資料館や中島公園、下水道科学館、防災センターなど資料として提供する。 | ・ひろき…話し合いでは、マイペースになることが予想される。どこまで留意点に気をつけて、他の人のことを考えることができるかが、ポイント。<br>地下鉄では、切符の購入・時間等本人の発揮できるところを、さりげなく皆に伝えられるような方法をサポートしつつ教えていく。<br>食事では、食べ残しや片づけなどマナーを意識できるようにする。<br>・かえで…紅一点なので、わがままもでるかもしれない。そこも周りが受けとめつつ楽しめるようにもっていく。ある程度はよしとする。あまり仲間に気を使いすぎることなく、自分の意思表示もできるようにもっていく。できそうなら、話し合いをまとめてもらう（最初なので、大人がサポートしつつ、リーダーとして行動をとれるように）。<br>緊張するとトイレが近くなるので、ポイントで声をかけていく。<br>忘れ物確認する習慣をつける。<br>・いさむ…一人で勝手な行動にならないように要注意。<br>仲間の話を聞きながら、一緒に行動することを特にねらいとする。<br>ただし、地下鉄や外食のマナーなど、人前でのマナーはしっかり意識してもらう。<br>・一番のポイントは、3人で外出。<br>外食を楽しめること！<br>・安全に配慮し、仲間を意識できること。 |
| 10:40 | 事業所出発 | |
| 16:00 | 事業所に戻る | |

**準備その他**
今回は全員意思疎通ができるが、3人とも衝動性・多動性・不注意の特徴をもつ子どもたちであることを踏まえSSTの要素をしっかりと入れながら、外出を楽しむことができるようにもっていく。ひろき・かえでは今までの取り組みを振り返りつつ、初めてのいさむを誘導できるように、また、3人ともふざけることが大好きなので、そのことも認めつつ、自分たちで行動する・自己管理することを意識してもらうことを支援する。

## 課題設定・振り返りシート（大場ひろき）

各人の振り返り 9-❶

| 氏名 大場ひろき | 6月 27日 土曜日 天気 くもり |

自己紹介ゲーム　聞いたことを書いてみよう！（インタビューするともっと詳しくきけるよ）

イサム ・ゲーム（テレビゲーム）みんなで遊べるゲームやパーティーゲームうるさしないとのこと　パソコンもすき。
夜のばんごみ何とも言えない

カエデ ・ゲーム（アクションゲーム）モンハン他に、ドラクエまんが（コロコロ）あまい物が女子き
プリンが好き　きかんげんてい

話し合ったことを書いてみよう！
**今日の課題（ミッション）**　「行った先の写真を、仲間を入れて、一人一枚撮る」

話し合いのポイント
・初めてのお友達がいるよ！
・お金は2千円いない。(以内)
・16：00までには事業所にもどろうね。

1）どこに行く
　交通しりょう館（南北線）地13分
　円山公園
　旧どうぶつよう
2）どうやって行く
　南北線
　全部地下鉄
3）お昼ご飯
　交通のロッテリア
4）おやつ
　~~アングスバザー~~

今日の目標　気を付けること
・お年よりがきたらゆずる。　　　　・うどんは自分たちで
・地下鉄の中ではさわがない　　　　・注文
・たへどう行動はしない
・つりかわであそばない

グループのふりかえり
・地下鉄では、お年よりにせき　~~を~~ ゆずることがなかったが、静かに出来たのでよかった。　新しいのが来ても
・次に直したい所は、初めての友達がいるとのいしきを少し忘れてまったのでそれは次に意いかぞうとかもいました。

## 発達支援のポイント①
### ■スケジュール立案にかかる相談場面

　一方的に自らの意見を伝え、他者の意見に耳を傾けない傾向が強いため、まずは、自己紹介ゲームを通じて相手に尋ねて返答を聞くことを取り入れている。その上でスケジュール立案の話し合いのポイントでは、「いさむは初めて外出活動をすること」を強調して伝えることで本人からの配慮を引き出すことをねらいにした。

　今日の目標を自ら決めてもらうことで、自分の「衝動性の高さ」という特徴に気がつき、自律した行動がとれるようになることをねらっている。

## 発達支援のポイント②
### ■実際の活動中の支援

　スケジュール立案の話し合いに際して、事前に注意事項を視覚提示し、口頭でも伝えた上で開始した。実際には、幼児期からともに過ごしているかえでと話し込むことが多く、調整が必要だった。

　外出中も自己主張が強く出る場面が多く、その都度、声をかけて理解を促すも、ごく短時間で注意力が途切れてしまった。

　外出活動は小学生から経験していることもあり、外出先では案内役を頼むことで満足感を得られるよう配慮したが、他者を気遣う案内はできず、先に行ってしまう様子がみられた。

## 【支援者の振り返り】

> 　とてもマイペースで「そんなとこ面白くない。ヤダ～！」などの発言が多く自分の好きなことだけを主張する様子がよくみられた。本人のマイペースな様子が強くなる場面で、初めて外出活動に参加するいさむのことを伝えると「あっ、そうか」と自制することができるもののその持続はとても難しかった。
>
> 　学校で自己を発揮できないストレスやこの活動で思い通りにならないストレスから、展示室のカギをかける、ハトにアイスをあげる、禁止されているボタンを押したがるなど小さないたずらが目立った。

## 課題設定・振り返りシート（本木かえで）

氏名　本木かえで　　　6月27日　土曜日　天気　くもり

自己紹介ゲーム　聞いたことを書いてみよう！（インタビューするともっと詳しくきけるよ）

ヒロキ　すきなもの　　イサム　すきなもの
　　ひょこ　ひこうき　　　テレビゲーム　パパ
　　笛　（エジプト）　　　みんなであそぶこと

話し合ったことを書いてみよう！
今日の課題（ミッション）　「行った先の写真を、仲間を入れて、一人一枚撮る」

話し合いのポイント
・初めてのお友達がいるよ！
・お金は2千円いない。
・16：00までには事業所にもどろうね。

1) どこに行く
　交通しりょうかん20分　旧どうちょう　円山公園
　（なんぼくせん）　　　　　　　　3
　　　　　　　　　　　　　2
2) どうやって行く
　ちかてつ

3) お昼ご飯
　太通バッテリア

4) おやつ

今日の目標　気を付けること
ちかてつおとしよりゆずる　1人でかってなこうどうしない　かたづけ1人
あせずはしらない　　　　　つりかわであそばない　ろうそん

グループのふりかえり
気を付けることでは、すべて大じょうぶでよかったとおもいます。
はじめイサムくんはちょっと自由だったけど自分のいけんをいってもらってよかった

## 発達支援のポイント①
### ■スケジュール立案にかかる相談場面

相手に合わせて配慮した言動ができることから、話し合いの司会進行を担ってもらった。そこには、意見をまとめる役割があるため、関係ができており、主張の強いひろきの意見と初めて外出活動に参加するいさむの意見をどのように調整するのかが本人の課題になる。

ひろきといさむの意見を取り入れるばかりになり、自分の意見を言えなくなってしまうことが予想されるため、支援者が適宜発言を促し、自己主張する機会を保障した。

情報過多となり、本人が話し合いをまとめることが難しくなった場合には、支援者が書き出して整理する、妥協案を例示するといった配慮をしている。

## 発達支援のポイント②
### ■実際の活動中の支援

スケジュール立案の話し合いに際して、事前に話し合いのポイントを確認し、司会進行を始めた。実際には、関係のできているひろきの自己主張の強さに惑わされてしまうことが多く「話をまとめる」ことについて支援が必要だった。

外出中は、外出活動が初めてのいさむを気にかけ、経路を誘導することや切符の購入では機器の操作を教えることができていた。また、外出を進めるにあたり、時間の都合から変更を余儀なくされる場面でも支援を受けながら話をまとめることができた。

多くの場面で話をまとめることに注力し、支援者の促しがないと反対意見を言えない様子がみられた。

## 【支援者の振り返り】

> 話し合いの司会進行とまとめ役は、本人の能力に対して期待が高かったと思う。その点では、支援を多く入れたことで形にすることができた。WISC-Ⅳの結果からもワーキングメモリーが低く、同時に複数の情報が入ってくる場面や複数の条件のもとに望ましい結果を考えることについては難しさがみられ、メモをとり、振り返られるようにすること、順番や回数の調整を主にした妥協案の提示ができるようになることがこれからの課題となる。
>
> 対人関係については、仲のよいひろきにも外出活動が初めてのいさむにも適度にかかわることができており、女児特有の社会性の高さがみられた。

## 課題設定・振り返りシート（稲田いさむ）

| 氏名 稲田いさむ | 6月 27日 土曜日 天気 くもり |

**自己紹介ゲーム** 聞いたことを書いてみよう！（インタビューするともっと詳しくきけるよ）

ヒロキー　女の子好き、エヴァン好き、のる、ゲームやる、で遊
おもちゃ、ゲーム

**話し合ったことを書いてみよう！**
今日の課題（ミッション）　「行った先の写真を、仲間を入れて、一人一枚撮る」

話し合いのポイント
・初めてのお友達がいるよ！
・お金は2千円いない。
・16：00までには事業所にもどろうね。

1) どこに行く　交通しりょう館、円山公園、旧道庁

2) どうやって行く　地下鉄

3) お昼ご飯　ロッテリア

4) おやつ

今日の目標　気を付けること　地下鉄でははずかしに話あ良くれない。

グループのふりかえり　目標は守れて、とても楽しくグループでの
外出が出来て、とてもよかった。

## 📝 発達支援のポイント①
### ■スケジュール立案にかかる相談場面

　日常的に思ったら発言してしまう傾向が強いため、支援を受けながら発言のタイミングを計れるようになることがねらいである。

　実際の外出においては、不注意と視覚刺激に敏感で、ゆっくりだが衝動的な行動がみられるため、集団行動からできる限りはずれないことがねらいである。その際に、必ずリーダーであるかえでの話に注目するように促す。

　今までの育ちから社会経験の不足が多くの場面で認められるため、地下鉄の乗り方や外食時のマナー、一般的な立ち居振る舞いを知ることもねらいである。

## 📝 発達支援のポイント②
### ■実際の活動中の支援

　人当たりはよいので、最初の自己紹介では、にこやかに相手に質問をできていた。相談する場面になると挙手して当てられてからではなく、思いついたままに発言してしまい支援が必要だった。ただし、共通の話題として認識できており、代替案を出すことが自然とできている様子もみられた。

　実際の外出では、社会経験の乏しさが随所にみられ、乗車券の購入の仕方がわからない、注文よりも先に支払おうとするなど、実年齢からみて獲得できていてよい社会技能が身についていないことがわかった。

　仲間と歩調を合わせることができず、視覚刺激に敏感なため、行動統制への支援が多分に必要だった。

## 【支援者の振り返り】

> 　基本的なコミュニケーション技能として会話の順番や決まりを知ることから、エスカレーターの乗り方や混雑したところの歩き方などの安全管理、財布の管理や金銭の出し入れなどの荷物管理、協調した集団行動の方法など課題が随所にみられた。今回の外出が初めてだったことを差し引いても、今までの社会経験の乏しさがうかがえる。将来の自立に向けて家庭と協力する必要がある。
>
> 　外出先の相談で複合商業施設があがったときには、「どこを見ていいかわからないから嫌なんだ」と経験から自らの特性である"視覚刺激の過敏さ"への対処を考えられていた。

## 05 振り返り、今後の取り組みなど

### ●社会技能習得の方法として

　「小集団での外出活動を通じた社会技能習得の取り組み」と題して、一日の活動を見てもらった。三者三様に獲得することが望ましい社会技能があったものの、自閉症やそれに類する障害を抱えた人の特徴が"社会性の障害"といわれていることからしても、その獲得は難しいものである。そして支援者として"社会性"という言葉の概念の広さに困惑することも多いものである。

　今後の取り組みとしては、同様の機会を提供し経験を積むことであるといえるが、それは、事業所のみの経験では全く足りないものである。仲間との相談や協調は、放課後等デイサービスが担い、個々の特性に合わせた外出に係る社会規範の習得には、移動支援や行動援護を利用することがより効果的であり、当法人では、そのような複合的な支援を行っている。

　しかしながら、放課後等デイサービスにおいてより効果的な取り組みをするためには、子ども自身が目標を立案し振り返りを確実に行うことも大切である。特に小学校高学年や中学生以上には、自分の振る舞いを顧みて自律につなげることが重要である。

　社会性の概念の広さは、その子どもの育ちとともに世界が広がることと比例していく。見た目や実年齢からみて、社会の側から要請されることも少なくない。時としてそれは、本人の理解力を超えることがあるものである。私たち支援者は、"支援（支え援助する）"ことと"療育（発達を促すこと）"の適切な使い分けが求められる。障害特性や発達段階について熟知していることはもちろんだが、その前に子どもたちが直接接する"社会を代表する大人"として成熟していくことが求められる。

事例 10　地域との連携

# 仲間との関係、社会との関係の中で育てていく

発達障害、15歳

## 01　子どもの紹介

● **名前、年齢**

中山つむくん（仮名）（男児、15歳）

● **家族構成**

父親、母親、妹

● **生活歴**

幼少期から、言葉の遅れがあり、特別支援学級で小中学校を過ごしてきた。療育は相談のみでサービスは受けていなかった。地域性もあり、子育てについては孤立していた。学校では、芸術活動など本人のよい面を伸ばし、肯定することを重ねていたが、周りの子どもの本人への理解は弱く、孤立していたようだった。

● **本人の特徴や今後のねらいなど**

仲間とかかわりたい気持ちはあるが、言葉の意味や場の雰囲気を理解できずトラブルになることが多かった。また、十分に住環境が整っておらず、食事、衛生面への課題があがっていた。社会経験が乏しい状態であった。安心・安全が保障される環境での自己肯定感の回復と大人、仲間との様々な体験の中での社会経験の獲得をねらっていく。

## 02　事業所の概要・紹介

● **事業所**：多機能型事業所Y（放課後等デイサービス、発達支援事業、保育所等訪問、障害児入所施設　○学園（短期入所を併設）、R（地元に開放しているあそび場）がある。

● **設置年月日**：法人設立　1973年4月1日

● **職員構成**：常勤職員　○学園26名、Y事業所専属5名

　＜内訳＞

園長（兼務）1名、児童発達支援管理責任者1名、保育士1名、児童指導員3名

## 03 放課後等デイサービス計画（個別支援計画）

| 氏　　名 | 中山つむ　くん | 契約期間 | ○年4月1日〜○年9月30日 |
|---|---|---|---|
| 長期目標 | 仲間との外出を自ら企画し、仲間を誘って出かけてみよう | | |
| 短期目標 | 友だちにありがとうを言う | | |
| 支援週計画 | 月、木、金、土　木〜金は短期入所を利用 | | |

### <生活面>　身だしなみを整えましょう

- 身だしなみを整えるとつむくんは、友だちによい印象をもたれます。また以下の身だしなみを整える取り組みができたら、つむくんが憧れるアニメのキャラクターのようなTシャツを買いに行きましょう。
- 活動の後は、汗をかくのでお風呂に入ります。お風呂で髪と身体を洗う練習をします。最初は職員と一緒に職員のまねをしながら、次は、手順表を準備しますので、手順表を見ながらやってみましょう。
- 電気カミソリでひげをそる練習をします。

### <対人・社会面>　良いところ探しをし、認め合いましょう

- あいさつの仕方やうまく会話が続く方法を、職員や仲間と練習します。
- 「おはよう」「またね」「ありがとう」というようなあいさつ。
- 「今日、学校で何が楽しかった？」と聞いてみたり、職員や友だちに聞かれたら自分も楽しかったことを答えてみたりします。
- あいさつができたり、会話がうまく続いたら、友だちと遊ぶ機会が増えます。

### <その他>　同年代の仲間と一緒に野外で活動してみましょう

- 5月、7月、9月に以下の活動を企画します。まず参加してみましょう。
- 他の学校の同年代の仲間も参加します。
- 5月：子どもの森へ歩いていき、ピザづくり体験をします。
- 7月：IGRいわて銀河鉄道に乗り、買い物と食事に行きます。
- 9月：R祭りへの遊びの企画を出展します。
　　　（地元の小さい子どもたちがたくさん遊びに来ます。）

## 支援目標について

　相手に好印象を与えるように身だしなみを整える。通所ではあるが、生活面での整えも行う。

　対人面においては職員との関係の中で、コミュニケーションスキルを身につけ、役割や活動を通して、仲間とあいさつや会話をしていく。仲間とうまくいったという肯定感を積み上げる。

　同時に、未体験の面が多いので、社会とのつながりをつくっていく。仲間とやり遂げる体験、仲間と肯定し合う体験を通じ、その時の感情を振り返りながら気持ちを育てていく。

## 主な支援内容とそのポイント

・衛生面から生活を整えていく。
・褒められる、認められることを増やしていく。
・人とのつながり、社会との交わりを増やしていく。
・体験を積み重ね、人との関係の中で経験に置き換えていく。

　つむくんが、Y事業所の人と場に安心・安全を感じられるよう、話を聞き、受け入れ、何かするときは職員が寄り添う。よい面に目を向け、褒める回数を増やしていく。友だちがほしい、友だちと遊びたい等の希望があり、遊べることがモチベーションにつながると考える。

　活動に対して必ず人を介し、人と気持ちを共有できる時間を意図的に設定する。活動をY事業所内に留めず、事業所に地元の子どもに来てもらう。地元のイベントや他事業所との交流、公共機関等を利用するほか、他の事業所との合同の活動、地域の行事等への参加もする。

## 04 指導案（一日のプログラム等）

### つむくんの指導のねらいと現在の様子（全体像）

| | |
|---|---|
| 引き継ぎ時の状態像 | ●未体験のことが多い。<br>●意欲がある。<br>●字の読み書きができ、数字も理解している。<br>●絵を描くのが得意。（描くものはアニメのキャラクター）<br>●話すことはできるが、内容を理解するのは難しい。<br>●動作性が優位である。<br>●困ると手が出てしまう。<br>●１週間の見通しがもてる。 |
| ねらい | ◎コミュニケーションの学習<br>　●あいさつをする。<br>　●他者を意識したコミュニケーション。<br>◎身辺面の自立<br>　●衛生に対する意識を育てる（他者理解）。<br>　●衛生に関するスキルを身につける。<br>◎人を介し、体験を経験に置き換える。自分を知る。<br>　●何かを誰かとやり遂げ肯定されることで、「今の自分でいい」「できた」という思いを積み上げていく。 |
| 事業所を利用してみての様子・評価 | ●独特な物事のとらえ方があるが、説明すると「あ、そうなのか」と納得することができる。<br>●納得すれば、継続して取り組むことができる。<br>●１つずつ情報を伝えるとできることが多い（一気に情報が入ると余裕がなくなる）。<br>●気持ちに余裕がなくなると手を出すのではなく、一人になることができるようになっている。<br>●またやってみたいという気持ちがある。<br>●手先が器用である。投げる、蹴る等は、ぎこちないが一通りできる。 |

## 一日の指導プログラム

| 時間 | 平日 | 時間 | 長期休み・土曜日 |
|---|---|---|---|
| 15:30 | 徒歩で下校　通所。通所、入所の気の合う友人と学校から歩いてくる。 | 9:00 | 送迎で通所 |
| 16:00 | 着替え<br>お茶、おやつ準備 | 10:00 | 活動<br>　昼食づくり<br>　買い物<br>　登山<br>　プール<br>　畑・花壇　等 |
| 16:30 | お茶、おやつ<br>活動<br>　畑・花壇、卓球、バスケ、バレー、祭りの準備等<br>＊月1回誕生会 | | 2か月に1回、中高生を対象とした、他事業所と合同の外出がある。 |
| 17:30 | 入浴 | 12:00 | 昼食は、活動による。<br>　昼食づくりまたは弁当、外食 |
| 18:00 | 自宅へ送迎 | 16:20<br>17:00 | 入浴<br>自宅へ送迎 |

場面づくり 10-❶

# 生活の整え（衛生面）

## 活動の準備や活動内容

身だしなみを整えることで、友だちによい印象を与えることを伝える。

**身だしなみを整える（入浴）**
- 初めは職員と入り、職員が体を洗うのをまねる。
- 次に手順表を使い、部位ごとに体を洗う練習をする。

**身だしなみを整える（ひげそり）**
- 電気カミソリを使い、週に1回ひげそりを行う。

## 発達支援のポイント①
### ■生活を整える

　睡眠、食事、排泄、衛生等の生活を整えることは、心を整えることにもつながる。思春期、青年期にこのバランスが大きく崩れているケースは多くある。放課後デイサービスの事業所で生活全般を整えていくことは難しいが、学校、放課後デイ、家庭といった生活をトータルにとらえて、それぞれの場所で生活を意識した取り組みを行っていくことが大切である。

　○学園・Y事業所は、入所、短期入所等の制度、キッチン、浴室等の設備、生活に必要な環境も整っており、入浴、食事、洗濯等の家庭により近い取り組みを行うことができる。体を使い、夜に睡眠をとれるようにする。疲れがあり食欲が落ちている場合は、休む等、生活をトータルにとらえた支援が必要である。

## 発達支援のポイント②
### ■仲間を意識する

　子どもにとって、何かをすることには理由が必要である。また、したことで何かを得、次もやってみたいという気持ちにつなげる。身だしなみについては、誰かによく見られたい、誰かに嫌われたくないといった他者を意識した取り組みが必要だが、始めのうちはそれがわからなかったり、他者を意識するのが難しかったりする場合等は、シールを貯める、好きなことができる等、本人の側に立った理由で取り組んでいき習慣化を目指す。

## 【職員の動きやこの場面における注意点】

> 　子どもにさせるのではなく、一緒にするところから始める。入浴の取り組みを切り取って行うのではなく、畑仕事や運動の後に、汗をかいたから、汚れたからお風呂に一緒に入ろうという必然の中で取り組みを行う。
> 　最終的には、子どもが一人でできること、家に持ち帰れることを目標とする。子どもにとってわかりやすい提示と理由をチームで分析し、取り組んでいく。「かっこよくなったね」「清潔感があるね」等、肯定するような言葉かけもしていく。

事例10

場面づくり 10-❷

# 平日の活動（生活面）

## 活動の準備や活動内容

### 学校から戻ってきて一息つく（お茶やお菓子を準備する）

- ①テーブルをふく、②お湯を沸かす、お茶・紅茶をいれる、配る、③おやつを準備する、④マグカップを洗う、を子どもたち同士で役割分担し行う。
- お互い、その役割に対して「ありがとう」を言う。
- それぞれが食べるお菓子の個数や量は、その場で職員が入りながら、子どもたち同士で決めるようにする。
- 月１回の誕生会は、食べたいケーキをリクエスト。みんなでつくり、それぞれがメッセージを準備し祝う。学校の先生等、招待したい人も選べる。

### その時々で天気や季節、メンバーに合わせて自分たちで活動を決め遊ぶ

- 通所のメンバー、入所のメンバー、職員、学園やＲに遊びに来る地元の小中学校の子どもたちが遊ぶメンバーとなる。

## 発達支援のポイント①
### ■役割をもつこと

　思春期青年期の発達を以下のようにとらえている。
・仲間関係、社会の中で自分の役割を見つけ自己を肯定していくこと。
・人への頼り方を覚え、頼っていることを自覚していくこと。
・それまでの育ちで積み重なった負の感情・側面に折り合いをつけること。
・希望を実現したいと思える力を養うこと。

　生活を通じ役割をもつこと、その役割を通じ自分も他者も必要な存在であると気づくような支援が必要と考える。

　生活の場面、一つひとつが考える場であり、お互いを知る場である。職員は前面に出ず、表現しづらそうなところを手助けしていく。

## 発達支援のポイント②
### ■自由に遊ぶこと

・子どもたちが、自分たちで遊びを決め、その中でのルールを決め遊ぶこと。
・寒い、暑い、土、水、雪など、温度や感覚、季節を感じながら遊ぶこと。
・年上、年下、同性、異性、そして時には初めて会う人と遊ぶこと。

　どれも必要なことである。職員は環境を準備する必要がある。〇学園・Y事業所には、地元の小中学生が遊びに来ることがある。そして皆一緒に遊ぶ。遊びでお互いをわかり合っていく。うまく行くコミュニケーションスキルを事前に教えたり、職員も一緒に遊びながら調整を少ししたりすれば、子どもたちは自由に遊ぶ。遊んだ後、「楽しかった」「明日は何する？」を子ども同士、もしくは職員も入り共有する。

## 【職員の動きやこの場面における注意点】

　職員は、行動を子どもにわかりやすい形で伝えることが大切である。その子どもにとっての理由や理解力がある子どもであれば、相手の理由を丁寧に教えていく必要がある。また、職員自身も子どもと一緒に準備したり、遊んだり、子どもと体験を共有したりすることが大切である。そして、お互いがどう思ったか同じ目線で伝え合うことが大切である。事業所で完結せず、地元の子どもに事業所に来てもらう。子どもたちが遊んでいる場、行事等に遊びに行くなど積極的に取り組む。

> 場面づくり
> 10-❸

# お祭りの手伝いをする

> 活動の準備や活動内容

　〇学園・Y事業所では、R遊び祭りを開催している。子どもの遊びの祭りであり、様々な遊びを企画し、子どもにチャレンジしてもらう祭りとなっている。地元の子どもたちがこのお祭りを楽しみにしており、200名以上の親子がお祭りに訪れる。

**ワークショップの開催**

- 地元の中学校で希望者を募りワークショップを行う。中学生数名と、〇学園・Y事業所のメンバーで数回に分け「子どもを育てる遊び」というテーマで、自分たちの企画を準備し、遊び祭りに参加する。

**R遊び祭り**

- 当日は、スタッフとして、親子を楽しませる。お祭りの打ち上げにも大人に交じり参加する。

## 発達支援のポイント①
### ■地域とのつながりを大切にする

　出向くこと：地元のイベントへの参加や他の事業所との合同の活動。商店、公共施設、公共交通機関の利用。習い事等。

　来てもらうこと：お祭りの開催、ワークショップ、小中学生キャンプ等。

　地域の一人ひとりが子どもの支援者に、そしてつながりの一人になってもらえるように、また子どもも地域の一員として、将来子育ての役割の一端を担うように上記のような様々な活動を継続的に行うことが大切だと考える。

## 発達支援のポイント②
### ■育ってきた地域で育ちが続くように

　特別支援学校に進学することで、育ってきた地元を離れることは少なくない。地元にも、特別支援学校がある地域にも子どもの居場所があるように支援することが大切である。

## 発達支援のポイント③
### ■協同作業をすすめる

　ワークショップでは、地元の子どもをどうやって楽しませるかを考えていく。時に相手の意見に対して自分の意見を譲ったり、自分の意見を通したりする。子どもたちが「自分たちがつくり出した」という実感をもち、型がない中で新しい物を生み出して行くことは、とても素晴らしい経験になる。

### 【職員の動きやこの場面における注意点】

> 　ワークショップについては、見方が偏らないように、否定的にならないように、配慮する必要がある。
> 　地元、地域における活動では、公共施設等の訪問先へは、子どもの配慮点を伝える。子どもたちへは、そこでのルールを伝え、その場を想像して普段から練習しておくことが必要である。

## 05 振り返り、今後の取り組みなど

### ●思春期、青年期の発達支援

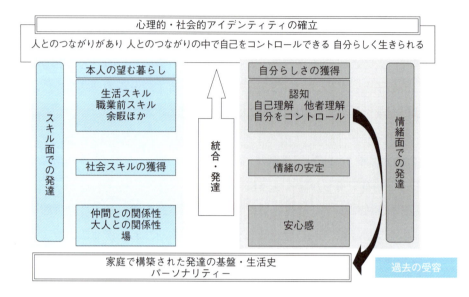

　職員を介しながらも仲間関係の中で自己と他者の理解をしていく。また、安定した生活の中でスキルの獲得に積極的に取り組み、できることを増やすことでできなかった過去の自分を受容し、肯定されながらアイデンティティを積み重ねていく。

### ●つながりをつくっていく

　目まぐるしく急激に変化する社会の中で、自分の意志をもち続けることに苦労している子どもは少なくない。家族や大人もそうであるかもしれない。幼さ（甘えたい・認められたい）とわからなさ（教えてほしい）があるだけなのに、時として子どもや家族がつながりをもてずに孤立し苦労している様子がうかがえる。

　放課後等デイサービスを使いながら、人とのつながり、地元とのつながりを取り戻す、もしくは新たにつくっていくことが大切であると考える。

　様々な人の生き方に出会い、自分が自分を知り、どんな自分であれ引き受け、人を頼っていくこと、つながりのなかで生きていくことを知っていくためにも、たくさんの人と出会う場を今後もつくっていきたいと考えている。

事例 11　思春期支援、情動の調整

# 集団生活の中で、自分の感情や要求をコントロールするためのスキルを覚えながら、自立の準備を行う

自閉症、17歳

## 01　子どもの紹介

●**名前・年齢**
　末広あさひさん（仮名）（女児、17歳）

●**家族構成**
　父親、母親、弟

●**生活歴**
　母が中心となり父、弟も協力をしながら家族で支援を行っている。週に3〜4日の放課後等デイサービスの利用と、週1回、習い事として茶道教室に通っている。

●**本人の特徴や今後のねらいなど**
　自閉症の診断を受けている。小学生のときは普通学校の特別支援学級に在籍していたが、中学校進学を機に特別支援学校に編入。基本的な生活習慣は身についており言葉でのコミュニケーションも可能だが、自分の思う結果にならないときやスケジュールの変更、心理的に不安なときなどには、オウム返しや独語が増え、会話が成立しなくなり、最終的には泣く、暴言を吐くなどの表現になってしまう。
　都度本人の気持ちを確認して整理をしながら、感情のコントロールができるように支援を行っていく必要がある。

## 02　事業所の紹介

●**事業所**：T放課後等デイサービス
●**設置年月日**：平成15年4月1日
●**職員構成**：常勤職員6名
　＜内訳＞
　管理者1名、児童発達支援管理責任者1名、保育士2名、児童指導員2名

## 03 放課後等デイサービス計画（個別支援計画）

| 氏　　名 | 末広あさひさん | 計画期間 | 平成28年4月〜29年3月 |
|---|---|---|---|
| 目　　標 | ①場面に応じた適切な言語表現を身につける<br>②スケジュールの変更への対応力を身につける | | |
| 支援週計画 | 利用日：週に3〜4回（曜日は流動的）<br>利用時間：平日15：00〜17：30　土曜・祝祭日10：00〜16：00<br>利用方法：放課後等デイサービス | | |

### 課題の解決に活用できそうなこと（よさ・できること）
- 視覚的手がかりが有効。
- 気になることがあると質問することができる。
- 見本や手順表があるとスムーズに活動することができる。
- 出来事の振り返りができる。
- 気持ちを表現することができる。
- 人と話すのが好き。
- 模写することが好き。
- 苦手なことでも、最後まで集中して取り組むことができる。

### 取り組むべき課題・取り組めそうな課題（気になること）
- 場面に応じた声の大きさの意識が難しい。
- 独語が多く、作業中や集まりの会などでも止まらないときがある。
- 自分の欲求を制御できないときがある。
- 感情が高ぶると相手の意見を聞けなくなるときがある。

## 支援目標について

　通所開始は中学2年生。保護者のニーズとして社会に出たときの対応スキル、自立に向けた支援、対人コミュニケーションを身につけさせたいとの要望があった。
　本人の状態としては、スケジュールの変更を受け入れることが難しく、泣き出してしまい同じ発言を繰り返す。気分が高揚すると周りの状況に合わせることができなくなるなど、感情面での不安定さが目立つことが多かった。感情表現の方法や会話をするときの声の大きさ、不安定になったときに不安を和らげる対処の仕方についての支援を目指している。

## 主な支援内容とそのポイント

①場面に応じた適切な言語表現を身につける。
　気持ちが高揚すると声が大きくなり、静かにしなければならない場面でも小声で話すことができなくなる。声量を意識させる工夫として［1（ひそひそ）～3（本児の普段の声量）～5（大声）］の5段階イラスト表を用意し、視覚から理解ができるように支援を行っている。イラストや言葉がけで声量を小さくすることを伝えると意識することができるが、時間の経過や場面が変わると戻ってしまうので、今後も継続して支援を行っていく必要がある。
　また、気持ちの整理がつかないときは、ホワイトボードなどを活用して「現在の状況を書き出す」「本児が受け入れることができる案を提示する」などして、本児と一緒に状況を確認しながら気持ちの整理を行っている。

②スケジュール変更への対応方法を知る。
　①の感情面での支援でも使用しているが、視覚ツールの活用が有効なので、スケジュールも書面で伝えることを取り入れている。急な変更にも対応する力がつくように、変更になった理由の確認を1つずつ本児と一緒に行うことで、受け入れができるように支援を継続していく。

## 04 指導案（一日のプログラム等）

### あさひさんの指導のねらいと現在の様子（全体像）

| | |
|---|---|
| とらえ | ●視覚支援が有効。<br>●自分の気になることは聞くことができる。<br>●見本や手順表を使い自己判断で行動することができる。<br>●出来事の振り返りや、気持ちの表現ができる。<br>●人との会話が好き。<br>●絵（模写）を描くことが好き。<br>●苦手なことでも集中して取り組むことができる。 |
| ねらい | ◎コミュニケーション能力の向上。<br>　●自分の気持ちを表現する力をつける。<br>◎相手に合わせることができるようになる。<br>◎情緒の安定を身につける。<br>　●感情のコントロールを身につける。<br>　●不安定なときの対処方法を身につける。 |
| 現在の様子・評価 | ●適切な言葉での表現ができている。<br>●スケジュールの変更には事前に通達することで、対応できることが多くなってきている。 |

## 一日の指導プログラム

| 平日スケジュール | | 休日スケジュール | |
|---|---|---|---|
| | | | 送迎 |
| 13：00 | 開所 | 10：00 | 登所 |
| | ↑ | 10：20 | 集まりの会 |
| | | | （一日のスケジュール確認） |
| | | 10：30 | 活動①作業活動 |
| | 送迎・随時登所 | ～ | （木工、さき織り、紙漉き等） |
| | | 11：05 | |
| | | ～ | 休憩 |
| | | 11：15 | |
| | ↓ | ～ | 作業活動 |
| | | 11：45 | 片づけ |
| | | 12：00 | 昼食 |
| | | ～ | 自由時間 |
| 15：30 | 登所・集まりの会 | 13：30 | |
| | （一日のスケジュール確認） | ～ | プログラム活動 |
| 15：45 | おやつ | 14：30 | |
| ～ | 自由時間 | ～ | 自由時間 |
| 16：30 | | 15：00 | おやつ |
| ～ | 活動 | 15：30 | 当番活動 |
| 17：00 | 当番活動（食器洗い、清掃等） | 15：45 | 帰りの会 |
| 17：15 | 帰りの会 | 16：00 | 降所 |
| | （乗る車両、帰る順番の確認） | | 送迎 |
| 17：30 | 降所 | | |
| | 送迎 | | |

事例11

場面づくり 11-❶

# さまざまな場面を体験する（SST）

### 活動の準備や活動内容

**感情のコントロールを身につける**
- ロールプレイを行い、少人数での発言の仕方や聞くことを覚える。
- 色々な場面を体験することで、経験値を増やしていく。

**ゲームを通してルールを守る**
- 楽しみながら基本的なルールの必要性を確認し、身につけていく。

## 発達支援のポイント①
### ■ロールプレイを通して感情のコントロールや会話の方法を習得していく

相手の話を聞くことや相手のことを考えて発言すること、場面に応じた適切な言葉を覚えることをねらい、職員が相手の気持ちを代弁するように介入することで、他児も本児を受け入れられるように配慮している。

## 発達支援のポイント②
### ■ルールを学び実践する

順番を守ることや静かにすることなど、集団のルールを体得する機会を増やす目的でゲームを取り入れている。本児の理解しやすい方法で、ルールを伝えることが重要となる。集団に向けた説明だけでは理解ができていないときは、加えて個別に対応する。ゲームでは負けることもあり、悔しくても感情をコントロールしなくてはならず、その場面を活かして繰り返しアプローチを続けることが大切である。

また、仲間と協力する体験をチーム対抗のような形で場面設定することも可能なため、社会性を身につける支援としてもつながっていく。

指導をする際には、特性をとらえてどのような場面設定が有効かについて意見交換を行い、全体と個人とのバランスを考慮したゲーム内容（アレンジしたルールを設定するなど）を選択することがより集団活動において成果を出すポイントである。

### 【職員の動きやこの場面における注意点】

> 利用者の発言には、必ず同調することと否定しないことを基本とし、取り組んでいる。SSTやロールプレイを通して色々な場面を体験させることはできるが、個性と特性を共通理解した上で支援にあたることが有用となる。また、成長に合わせて段階的に取り組み内容を変えながら経験値を積み上げていき、将来生活する中での不便さが少しでも軽減できればと願って支援している。

> 場面づくり 11-❷

# 集中力を身につける（作業学習）

## 活動の準備や活動内容

**集中して作業を行う**

- 時間を意識して作業を行う。
- 最後まであきらめずに取り組むことを意識して作業を進める。

**自分で確認を行う**

- わからないことや、助けてほしいことは自分で発信する。

**力の加減を意識する**

## 発達支援のポイント①
### ■継続して作業を行うことで集中力を身につける

　作業内容によっては完成まで2か月ぐらいの期間が必要となるため、最後まで継続して作業を行うことで集中力・持続力が身についていく。「作業工程を確認できるように手順表を用意する」「デジタルタイマーを使い、作業の時間が視覚的にわかるようにする」などの工夫で、自ら確認をし、見通しをもって取り組める環境を設定している。職員と一緒に作業のやり方や配色などを考えることで自発性を高めることもできる。

　また、困ったときには"誰に伝えるのか""どのように伝えるのか"などの具体的な対処方法をあらかじめ決めておくことで、自分からヘルプが出しやすくなり、伝え方をステップアップさせていくことでコミュニケーションの拡大をもねらうことができる。

## 発達支援のポイント②
### ■細かい作業を通して力加減を身につける

　織機を使った作業は、一定の力で作業を行わないとゆがみが出てしまうため力の加減が必要になってくる。自分の作成したものとの違いがわかりやすくなるように、またイメージを具体的に伝える手段として見本を提示していく。本児は見本を制作物と重ねてサイズを確認することで取り組むことができていたが、今では見本がなくても力を調節し、作品の幅を均一にして進めることができる。本人の目線にたって作業を見守る（または一緒に作業をしてみる）ことで、自主的に行うことができる方法を見つけていく視点が大切である。

　上手にできたときには褒めることで自信につなげている。より多くの成功体験を積むことが大切だと考えている。

## 【職員の動きやこの場面における注意点】

> 　完成するまで作業をスムーズに進めることができるための工夫、例えば手順表や見通しをもって取り組めるようなスケジュール表を掲示しておくなどの環境設定を行い、一緒に使い方を確認しながら不安要素を取り除いていく。基本的には本児が中心となり作業を行うが、ヘルプがあった場合にはヒントを出しながら、自分で考えて成功結果を出せるように促す。できたときにはともに喜び合う。上手にできたことや作品が完成したときの達成感を大切にする支援を目指している。

**場面づくり 11-❸**

# 公共のルールを守る（屋外活動）

## 活動の準備や活動内容

**目的をもつ、やり遂げる**
- 自分でルールを認識する。
- 様々な経験を積む。

**社会で必要なスキルを身につける**
- 公共交通機関の使い方、買い物の方法を覚える。

## 発達支援のポイント①

### ■様々な場所に外出してルールを経験する

　図書館を利用する際にはルールを守ること、買い物やバスの乗り方など実体験を通して知ることがねらいである。事前に予備知識としてSSTでルールを確認しておくとスムーズに行動することができる。外出の際には楽しめる目的を設定することで楽しみながら経験ができて、また行きたいという意欲へとつなげる。本児の場合は図書館で大きな声を出さないことをルールとし、借りるのは2冊までとしている。自分が借りたい本と事業所の活動で必要な本（例えば、おやつをつくる活動をするのでお菓子のつくり方の本など）を借りてくるなどの約束をすることで、見通しをもって目的を達成できるように導くことができる。

## 発達支援のポイント②

### ■事前準備をしっかりと行う

　買い物ではルールだけでなくお金の使い方も経験する。お店に行く前に予行練習として模擬活動を行い、計算の仕方や金銭のやりとりを練習しておく。実際の場面と同じ設定で行い、お店に行ったときに大きなずれがないように配慮している。買い物体験だけではなく色々な活動の事前練習を行うときは、できるだけ現実と同じ環境を用意することが大切である。

## 【職員の動きやこの場面における注意点】

> 　様々な経験を積むために外出を行うが、外出先でのトラブルの可能性も考慮しておく必要がある。同行する職員は障害特性の把握と児童の行動分析を十分に行い準備する。事前ミーティングで予想できる混乱しそうな場所や状況についてのイメージを共有しておき、万が一その場面に遭遇したときには、個々人が冷静に対応できる心がまえをもって支援に臨むことを勧める。また、日頃からリスクマネジメントを実践すること、緊急時の対応（連絡体制など）についても定めておくとよいだろう。

## 05 振り返り、今後の取り組みなど

### ●当初は難しかった感情のコントロール

　デイサービスを利用して4年が経つが、利用を開始した当初は、スケジュールの変更が発生するたびに泣く姿がみられ、自分の好きなことやしたいことがあると周りがみえなくなることも多く、感情のコントロールができずに行動や会話が一方的になってしまうことがあった。現在では落ち着いて生活ができるようになってきている。

　スケジュールを変更する際は、事前に1つずつ確認を行いながら本児が納得するように知らせることで、受け入れることができるようになってきている。また感情の激昂（げきこう）や泣く回数が減り、気持ちの切り替えに必要な時間も短くなってきている。

### ●支援者のかかわり方を振り返って

　自分のやりたいことやほしいもの、気になるものに対し過剰に反応してしまう行動の原点である感情をコントロールできるスキルの支援には何が有効なのかを模索しながら、本児の心理的な負担を減らすことを目標に取り組んできた。その方法がどんな場所や場面でも効果的に行えることが将来必要な生きる力に結びつくと考え、合理的配慮の視点をもって取り組んでいる。

　高校2年生なので、あと1年で社会に出ることになる。それまでに地域生活で必要となるスキルが1つでも多く習得できるように、実際的な経験を通して対応力を高めておきたいと考えている。具体的には、公共機関の利用や地域住民と交流する場を多く設定する。コミュニケーション能力の強化（SST）を継続していくこと、当番活動を取り入れて掃除や洗濯、食器を洗うなどの日常生活に必要な習慣も身につけてもらいながら、自立ができることを目指していく。

第2章 発達支援の実践例とそのポイント

事例 12

自己理解、他者理解を深める

# 自己を表出し、他者との折り合いをつけるきっかけづくり

特別支援学級に通う、15歳

## 01 子どもの紹介

● **名前、年齢**

丸輪宗琉(そうりゅう)くん（仮名）（男児、15歳）

● **家族構成**

祖父、祖母、父親、母親、兄

● **生活歴**

小学生以降、父親は遠方に長期単身赴任で、長期休みのときしか会わない。父親が帰省時には兄、本人との時間をしっかりとってかかわっている。

● **これまでの育ち**

幼いころは、衝動的な飛び出しなどがあり目が離せない状況であった。水や高いところへの興味関心が強く、水路や池の水に浸かっているところを発見されたり、家の屋根を駆け回り落ちてきたところを無事に保護されたりするなど、強運とも思えるエピソードが少なくない。

● **育ちの環境**

かなり強い個性をもつ男の子であったが、両親は「当たり前に生活し、育てる」といった明確な子育ての方針をもって、育ててきた。両親ともに地元で育ち、両祖父母ともに近隣の方々とのつながりをしっかりともっており、時には祖父母が近所に頭を下げて回ったり、近所のおっちゃんに叱られたり、見守られたりしながら生活してきた。現在も、本人の周りには単純に「地域」という言葉では表せないコミュニティが存在している。

一見、本人の安心できる環境であるが、本人がそれを感じているかどうかはわからない。見守る者、見守られる者としての関係ともとれる。

● **現在の状況と本人の特徴**

（日常生活）

日々繰り返される生活上の言葉や動作の理解はよく、一定の声かけで自ら行動できるので、大きな支障はない。

時間割、着替えの準備など自分のことはもちろんのこと、洗濯、食事の準備など一定の方法が理解できていることは家族の分までしてくれることもある。その場合、声かけをすると必ずやってくれるが、声かけをせずとも自ら行うときもある。

(コミュニケーション)
　相手の言葉を反復してしまうため、ゆっくりした間合いで話し、本人の意向がどうであるかをくみとる必要がある。
　また、人によって引き起こされる緊張感が強いが、我慢して過ごすことがあり、結果的に物を叩く、投げるなどの行動で表現してしまう。ただし、人がいるほうに物を投げない点は、素晴らしい。
　一方的に近寄ってくる、抱きついてくるような友だちや子ども、小型犬はとても苦手で、そんな場面には近づかないようにしている。また、矢継ぎ早に指示を出してくる大人や大声で話しかけてくる大人などでかつ、話を聞かなければならない相手とのやりとりの後は、落ち着きのなさが顕著になる。その様なときは、一人になれるスペースで音楽を聞くことや、公園などのランニングコースを一人で走るなどの時間をつくることで解消している。

●**集団活動でのスケジュール**
　学校では時間割に従い、活動することが可能で行動もスムーズ。急な時間割の変更も対応可能である。放課後等デイサービスにおいては、自分のホワイトボードにスケジュールを記載して、流れを決定・変更することができる。自宅においては、時間の過ごし方に関して特にスケジューラーを使う必要がなく過ごすことができ、起床、朝食、トイレ、登校、余暇（放課後等デイサービスや外出）、帰宅、入浴、次の日の準備、就寝などは、時刻に縛られることなく順を追って進めたり、変更にも適宜対応（口頭での確認と伝達が必要）できる。

●**物への興味**
　室外機のファンと風、車のエアコンと風、蛇口から出てくる水、叩くと高音が鳴る鉄柱、CDの反射面の光などが大好きである。回数や5分、10分間などの時間、風量1、2、3の程度を伝えると調整することができる。しかし、自分の力の調整が下手で、CDの反射具合を変えるために力強くまげてしまい割ってしまうことや物を指で力強く弾いてしまい指先を痛めてしまうことがよくある。

● **好む活動**

　タブレットやCDプレーヤー、カーオーディオなど色々な場面で音楽を聴くことが好きで、特に童謡や合唱曲などを好む。カーオーディオなど他の人も聞いているような場面においては、順番にリクエストできるルールに則って過ごせる。

　運動面では、長距離を走ること、歩くことをとても好む。日常的に行動援護を利用して、散歩や買い物などに行くことを楽しんでいる。ルートや目的地は自分で決めて、事前に支援者に伝えて活動している。また、日常的に近隣に住むボランティアと一緒にマラソンをする機会もあり、放課後等デイサービスを利用している日は（悪天候でなければ）、他児が公園でウォーキングしている間などは、ランニングコースを指定しておけば一人で黙々と走ることを好む。

● **感情の表現と理解**

　「嬉しい」「悲しい」「悔しい」などの感情と事象とが結びつきづらく、活動そのものは楽しんで笑顔もみられるが、それを言葉に置き換えることがほとんどない。そのときその場で「楽しい？」「嬉しい？」と尋ねると「楽しい」と返答する。しばらくして、「楽しかったことは？」と聞くと返答がない。しかし、「今日何をした？」と尋ねるとありのままの出来事を教えてくれる。

## 02　事業所の概要・紹介

● **事業所**：S（多機能型障害児通所事業所）
　　　　　　（児童発達支援、放課後等デイサービス、保育所等訪問支援）
● **設置年月日**：平成26年7月1日　保育所等訪問支援指定
　　　　　　　　平成26年9月1日　児童発達支援、放課後等デイサービス指定
● **職員構成**：常勤職員5名、非常勤職員2名
　＜内訳＞
　管理者／児童発達支援管理責任者（作業療法士）1名、保育士3名、児童指導員1名、作業療法士1名（訪問支援員兼務）、指導員1名

## 03 放課後等デイサービス計画（個別支援計画）

| 期間 H26年10月1日～H27年3月31日 | | 立案日 | H26年10月10日 |
|---|---|---|---|
| 氏　名 | 丸輪 宗琉（そうりゅう）君 | 在籍期間 | 利用開始 |
| 在籍（学年） | 市立〇〇中学校　3年生　特別支援学級在籍 | | |
| 担任（支援クラス） | 〇平〇太 先生 | 担任（交流クラス） | 〇川〇美 先生 |
| 目標 | 短期：・Sの場所、スタッフ、友だち、利用時間を知って、色々な過ごし方を試してみよう。<br>・安心して過ごせる場所や時間の使い方を見つけよう。<br>長期：・自分がやりたいこと、過ごしたいこと、過ごし方を決めて、人に伝えよう。 | | |
| 利用頻度 | 基　本：毎週月曜日、金曜日。場合により土曜日等の休校時。<br>放課後：16時30分～17時45分（要送迎：学校→S→自宅）<br>休校時：13時30分～17時40分（要送迎：自宅→S→自宅） | | |
| 基本方針 | 下校後にSで過ごす時間も長くはないので、準備等基本的な流れだけは伝えて実行し、活動はゆっくりと本人が好きなことを選択、確認、達成（実行）できるようにして、まずは安心して過ごせることを重視します。 | | |

### 安心できる場所にしよう

本人：ルールの提示と適応のきっかけづくり
- 送迎時は、教室まで迎えに行き、特別支援学級の先生からその日の学校での様子を伺います。
- 来所時は、連絡帳の提出→出席簿への押印→検温→着替え→学生服の収納→時刻も含めたスケジュール立案（自身）と実行→片づけ→帰りの準備→帰宅

　※おやつの時間はこちらで指定し、準備片づけは他児と一緒に行います。
　※活動はおおむね15分～20分刻みで組み立てます。
　※自分で選択した活動を実現しながら、細かな約束事を確認して本人と共有します。

保護者：帰りの送迎時に本人と一緒にその日の様子を細かくお伝えします
- 安定して過ごせていることを実感してもらえるようにします。
　※苦手と思われる他児との組み合わせにならないよう極力配慮します。
　※状況に応じて、事務所を利用して活動空間の分離を行います。
　※楽しめたこと、混乱したこと、トラブル等、要因・原因と考えられることをお伝えしていきます。

## 利用開始時初期状況

### ■保護者のニーズ（利用に至った経緯）

- 別の事業所を利用していた（現在も利用中）が、本人に興味をもってかかわってくる年下の子どもがいて、本人は苦手意識をもっている。その子は全く悪気がなくかかわってくれるのだが、本人が落ち着かなくなって、物にあたることが増える。結果的に物を壊したり、窓を割ったりして、本人が叱られてしまう。そういう環境を避けさせてあげたい。
- 1か所だけでなく複数か所を利用できれば、休みのときなどの過ごし方に広がりをもたせられるように思う。自宅で過ごすには時間をもて余し、家族も余裕がなくなる。

### ■本人の様子（第一印象も含む）

- 特に不安な様子もなく、終始笑顔で跳びはねている。
- 興味津々に事業所内、外回りを観察しては、壁や道具（家具等の固定されたもの）を指ではじいては音を確認している。
- スタッフの問いかけには「はい」もしくは反響言語で応答。話をするときは相手の方に体を向けてしっかりと対面して話ができる。色々なものが気になりキョロキョロしているが、「目を見て話をする」ということを強調されているのか、話しかけると咄嗟にこちらを見る。指をさした先などにもスムーズに視線を移せる。相手のジェスチャーを交えた語りかけには困惑するかのようにキョロキョロしているが、笑顔で再び跳ねはじめる。

事例12

## 04 タイムテーブル（一例）

利用開始当初

| 時間 | 本人の活動 | 支援者の考慮、留意点 |
|---|---|---|
| 16：20 〜 | | （学校到着）支援学級前廊下で待機、担任との状況共有 |
| 16：30 〜 | 下校 | 下足場等で同級生とのかかわりを観察<br>※できるだけ遠くから自然な子ども同士のかかわりを観察することで、同級生などとの本人の関係性がうかがえる。 |
| 16：35 〜 | | （送迎） |
| 16：45 〜<br>16：55 | 事業所到着<br>準備<br>　連絡帳の提出<br>　出席簿押印<br>　検温<br>　着替え<br>　学生服の収納 | 入室と同時にあいさつと声がけ<br><br>※リラックス度合いを表情の硬さなどで観察する。<br>※当初は準備の段取りを細かにガイドする。<br>※活動の定着度合いで口頭でのガイドは極力減らす。 |
| 16：55 〜<br><br>（主な活動例）<br>17：00 〜<br>17：10 〜<br>17：25 〜<br>17：40 〜 | スケジュール<br>　　確認と記入<br><br><br>おやつ<br>キーボード<br>CD<br>帰りの準備 | ホワイトボードとマグネットシート（マーカー）を自分で準備<br>※当初はあらかじめマグネットシートに記載した本人が好む活動項目の中から選択し、貼りつけることで、一定の活動を保障され安心して活動にとりかかれていた。<br>※本人が希望する活動のバリエーションが増えたため記入式に変更。 |

## 📝 利用開始初期のポイント

### ■安心と安全

　事業所利用当初は、まず子どもたちや家族が安心できる場所、安心できる人として認識してもらえるかどうかがとても大切である。例えば、保護者のニーズが子どもの障害特性によるパニックや行動上の問題にあったとしても、私たちはまず子ども自身が安心できるように振舞って対応することを優先する。

　年齢が高ければ高いほど、発達状況や障害特性など含めて課題が具体的に浮き彫りになってくる。また、良し悪しはあるが色々な経験も積んでいるため、極端な試し行動に出る子もいる。好き勝手、自由を提供するのではなく、子ども自身が適応できる範囲でのルールは提示した上で、自由度をもてる時間と空間を提供している。

　それが、子どもと家族が肯定感をもてる大前提となる。したがって、このプロセスは、年齢に関係なく子どもたちと向き合うときに必ず求められるプロセスといえる。

### ■一日のスケジュールを把握した上での事業所での時間の過ごし方

　地域の特別支援学校に通う中学生は下校時間が遅い。また、学校の時間割でも明らかなように時間や課題に追われている可能性が高い。中学生という年齢への配慮、時間と課題に追われた日々ということを念頭において、放課後等デイサービスでの過ごし方を検討する。

　関係者はとかく子どもにかかわろうとするものである。事業所スタッフからみれば「せっかく来たのだから」という気持ちが生じるが、かかわられる本人からすれば学校から放課後等デイサービスに場所が変わり、教師から支援者に人が替わった上で連続して人と対応しないといけないことになる。放置するわけではなく、適度にかかわりながらもプライベートな時間と距離感を保つことが大切である。

## 05 状況の変化と中間評価を踏まえた個別支援計画

| 期間 H27年4月1日～H27年9月30日 | | 立案日 | H27年4月18日 |
|---|---|---|---|
| 氏　名 | 丸輪宗琉（そうりゅう）君 | 在籍期間 | 6か月 |
| 在籍（学年） | 県立○○特別支援学校　高等部　1年生　在籍 | | |
| 担任（主担任） | ○野○介 先生 | 複数担任制 | ○田○子 先生<br>○川○雄 先生 |

| 目標 | （旧）短期 | ・Sの場所、スタッフ、友だち、利用時間を知って、色々な過ごし方を試してみよう。<br>・安心して過ごせる場所や時間の使い方を見つけよう。<br>（経過状況）下校後あまり時間がとれない状況でしたが、Sで過ごす時間を楽しみにしてくれていて、準備などとてもスムーズにできます。CDやキーボードを他児とシェアしなければいけないような場面を設定しましたが、時間ごとに切り替えることもでき、気持ちが不安定になることもありませんでした。かなり余裕をもって過ごすことができるようになっていると思います。 |
|---|---|---|
| | （新）短期 | ・好きな活動の合間に課題を入れて、課題も頑張ろう。<br>・手伝いの依頼や希望を伝えて、やりたい活動を実行、達成しよう。 |
| | （旧）長期 | ・自分がやりたいこと、過ごしたいこと、過ごし方を決めて、人に伝えよう。<br>（経過状況）自分の活動が保障されている安心感からか別室にて過ごさないといけないようなこともほとんどありませんでしたし、自分からスタッフに対して「●●に行ってきていいですか？」と申告することで、場面も回避できていたようです。 |
| | （新）長期 | ・一つひとつの活動の時間や達成目標を自分で決めて、スケジュールを組み立て実行してみよう。 |
| 利用頻度 | | 基　本：毎週月曜日、金曜日。場合により土曜日等の休校時<br>放課後：15時00分～17時40分（要送迎：学校→S→自宅）<br>休校時：13時30分～17時40分（要送迎：自宅→S→自宅） |
| 基本方針 | | 自分で決めた活動と支援者が提示した活動を交互に組み立てて、作業や学習課題に取り組める時間の長さをつかもう。 |

　特別支援学校高等部に進学されたことで放課後に活用できる時間が増えました。また、今後の進路を検討するにあたり、作業や課題等に取り組める時間をつかむことやできる限り自分一人で過ごせる余暇活動の内容や時間、ペースをつかむことが必要になります。

課題と活動を切り替えながら取り組んでみよう。
　本人：課題と好きな活動を交互に入れて、それぞれに取り組む時間を決めて取り組もう。
・来所直後に行う準備などは、細かな声かけの必要はなく、一連の準備が整って「終わりました」と報告してくれています。こちらから指定した課題も含めてスケジュールを（自身で）立案して取り組むことを行いながら、まずは時間配分を決めて活動を切り替えていきます。
・当面、各活動は15分～20分毎に切り替えるように説明し、進めます。
　※おやつの時間はこちらで指定し、準備片づけは他児と一緒に行います。
　※こちらから指定する課題は、パズルやタングラム等で本人が時間内に達成できるであろう内容からはじめますが、当面は課題の未達にかかわらず時間で区切り、次に本人が選択した好きな活動に移行するようにします。
　※指定する課題は、ドリル形式で達成できた課題番号を斜線で消し、到達状況が確認できるようにします。

※前回より見直した目標等を、青字にて明記

## タイムテーブル（一例）

H27年4月10日〜

| 時間 | 本人の活動 | 支援者の考慮、留意点 |
|---|---|---|
| 15：05〜 | 下校<br>送迎 | 送迎車両までクラス担任が同伴されるので、その場で学校との引き継ぎを行う（コンディションや今日の様子など）。<br>※先生からの引き継ぎを受けながらも必ず本人の表情や行動を確認しておくこと。<br>※表情が硬かったり、先生とあいさつを交わした後に自身の胸を強打しながら跳ねたりする場合は、場面や課題に過剰に適応して過ごした可能性が高いため、送迎車両内の音楽は本人が好むものを優先して選択することで落ち着けることが多い。また、声かけ等は控えたほうがいい。 |
| 15：20〜<br>15：35 | 事業所到着<br>一連の準備 | ※リラックス度合いを表情の硬さなどで観察する。<br>※声かけ等の促しの必要はほぼない。 |
| 15：35〜 | スケジュール<br>記入と報告 | ボードとマーカーを自分で準備 |
| （主な本人記載項目　例） | | ※キーボードやCD、タブレットなどの活動は、本人が自分で決めて行う。好きな活動のときは、極力他児と離れた場所に陣取っている。 |
| 15：40〜<br>16：00 | キーボード | |
| 16：00〜<br>16：20 | 今日の活動① | （準備された活動にも取り組み、楽しめるか!?）<br>※今日の活動は、<br>タングラム：100問ある課題のうち1回につき2問から3問を目途。解けた課題番号を本人がチェックし、徐々に難易度をあげる。<br>パズル：50ピースから90ピースの数種類のうち、本人が選択。時間内での完成は十分可能。<br>アイロンビーズ、カラーペグ：見本に従って色を判断して順に配置する。20分でこなせないパターンがある。<br>紙箱折り：おやつのときの取り皿として使用。おやつの時間に取り組む。 |
| 16：20〜<br>16：40 | おやつ | |
| 16：40〜<br>17：00 | CD | |
| 17：00〜<br>17：20 | 今日の活動② | |
| 17：20〜<br>17：35 | タブレット<br>（音楽） | |
| 17：35〜 | 帰りの準備<br>帰る | |

※前回より見直した主な留意点を、青字にて明記

## 発達支援のポイント①
### ■活動の追加のためには本人に相談を！

　支援者は、よかれと思って様々な活動の機会を提供することが多いが、主役は子ども。ユーザーも子ども。子ども自身が安心して、その気になるような仕掛けが必要である。

　中高生ともなれば、学習経験の積み重ねもあって、「先生の出した課題はやります」「この時間は座ります」「頑張ります」と返事することが定着している。楽しみと好きなことを保障してくれる場所や大人がいるのであれば、安心して頑張れる。些細なことだが、楽しみや好きなことができることは、「自己実現」のために必要な小さなプロセスでもある。

## 発達支援のポイント②
### ■欲張らない、期待しない、気合入れて準備しない（Small Step と Real Time Assesment（出たとこ勝負））

　適切に子どもの状態を把握することはとても重要だ。ついつい書面や概況ではなく、その時々の子どもたちの姿をとらえてしまうが、前もってプランを立てることと合わせて、その子への対応に関する根拠を深めておくことも大切である。

　私たちがかかわる子どもたちはとても正直である。その日の出来事、コンディションで気持ちまでも大きく左右され、そのまま行動や表情に現われる。例えば、大声を聞いてしまったとか、帰りの手順が違っただけでも動揺する。

　準備したプランをきっちり遂行するのではなく、「やらないかもなぁ」「できないかもなぁ」と思って臨むと緊迫感も少なくなる。「やらせよう」「君ならできる」と思い込むのはやめ、「せっかく準備したのだから」と押しつけがましくかかわらないといった支援者のセルフコントロールが必要である。

## 【職員の動きやこの場面における注意点】

> 「成功を楽しい」と思えない子どもはいない。ちょっとのチャレンジで成功することから始めてみる。支援者との関係が深ければ、「この人が褒めてくれるから頑張る」ということも強化因子になるが、「この人」を決めるのは子どもです。大人が勝手に「この人」であると思い込むのはエゴといえる。頑張り過ぎれば、しばらくはチャレンジしたくないと感じるだろうし、頑張りを強制され過ぎると、二度とチャレンジしたくないと思ってしまうかもしれない。

第 2 章　発達支援の実践例とそのポイント

## 06　状況の変化と中間評価を踏まえた個別支援計画

| 期間 H27年9月1日〜H28年3月31日 | | | 立案日 | H27年9月10日 |
|---|---|---|---|---|
| 氏　名 | | 丸輪宗琉（そうりゅう）君 | 在籍期間 | 11か月 |
| 在籍（学年） | | 県立○○特別支援学校　高等部　1年生　在籍 | | |
| 担任（主担任） | | ○野○介 先生 | 複数担任制 | ○田○子 先生<br>○川○雄 先生 |
| 目標 | （旧）短期 | ・好きな活動の合間に課題を入れて、課題も頑張ろう。<br>・手伝いの依頼や希望を伝えて、やりたい活動を実行、達成しよう。<br>（経過状況）下校時間が早く、Sで過ごせる時間が長くなったので、時間に追われてやりたいことをこなすような姿はみられず、ゆったりと過ごせています。夏の長期休暇の際に本人から「走る」「運動公園　走る」との希望が出され、スケジュールの選択肢に加えました。ただし、雨天時やスタッフの配置などの関係で外出が難しい場合もありますが、理由を伝えると納得して別の活動に組み替えられています。 |
| | （新）短期 | ・やりたいことを取捨選択して、ランニングに行こう！<br>　公園への移動や走った後の着替えなどの時間を含めた活動の組み立て、課題の選択（やりたい活動を減らさないと外出できる時間が確保できない）をしよう。 |
| | （旧）長期 | ・一つひとつの活動の時間や達成目標を自分で決めて、スケジュールを組み立て実行してみよう。<br>（経過状況）好きな活動のときには声かけを行わないと終了しなかったり、今日の活動など与えられた課題の場合などは、積極的に取り組まず時間をやり過ごしている姿が増えてきました。ただし、時間終了5分前ぐらいに「できていないとCDの時間が遅れるよ」と伝えると一気に課題を完成させられることもわかりました。 |
| | （新）長期 | ・できる俺！発見！！<br>　今日の課題の取り組み目標を時間でなく、目標量にします。 |
| 利用頻度 | | 基　本：毎週月曜日、金曜日。場合により土曜日等の休校時<br>放課後：15時00分〜17時40分（要送迎：学校→S→自宅）<br>休校時：13時30分〜17時40分（要送迎：自宅→S→自宅） | | |
| 基本方針 | | 自分で決めた活動と支援者が提示した活動を交互に組み立てて、作業や学習課題に取り組める量をつかもう。 | | |

ゆっくり過ごす時間がとれるようになったことで、課題への取り組みの機会ももてました。また、与えられた課題に関しては、時間経過を待ってやり過ごすという余裕も出せるようになりました。

課題と活動を切り替えながら取り組んでみよう。
　本人：課題と好きな活動を交互に入れて、取り組もう。
　　　「できる！俺！！」発見プロジェクト
　　　「楽しめる！俺！！」充実プロジェクト
　・好きな活動は20分以内で時間設定。
　・指定した課題は、量的な達成目標を定めて活動を切り替えます。
　・ランニングは、本人の申出があればそこから検討します。
　　※おやつの時間はこちらで指定し、準備片づけは他児と一緒に行います。
　　※こちらから指定する課題は、パズルやタングラム等で本人が集中すれば、10分程度で終えられる量を目標数とします。早くできれば好きな活動にすぐに移れます。
　　※好きな活動と課題も含めて何かに集中している時間や一人で活動を進めている時間を提供して、自信につなげていければと思います。
　　※指定する課題は、ドリル形式で達成できた課題番号を斜線で消し、到達状況が確認できるようにします。

※前回より見直した目標等を、青字にて明記

事例12

## タイムテーブル（一例）

H27年9月1日〜

| 時間 | 本児の活動 | 支援者の考慮、留意点 |
|---|---|---|
| 15：05〜 | 下校<br>送迎 | 送迎車両までクラス担任が同伴されるので、その場で学校との引き継ぎを行う（コンディションや今日の様子など）。<br>※先生からの引き継ぎを受けながらも必ず本人の表情や行動を確認しておくこと。<br>※表情が硬かったり、先生とあいさつを交わした後に自身の胸を強打しながら跳ねたりする場合は、場面や課題に過剰に適応して過ごした可能性が高いため、送迎車両内の音楽は本人が好むものを優先して選択することで落ち着けることが多い。また、声かけ等は控えたほうがいい。 |
| 15：20〜<br>15：35 | 事業所到着<br>一連の準備 | ※リラックス度合いを表情の硬さなどで観察する。<br>※声かけ等の促しの必要はほぼない。 |
| 15：35〜<br><br>（主な本人記載項目　例）<br><br>15：40〜<br>16：00<br>16：00〜<br>10分間<br>20分間<br>20分間<br><br>20分間<br><br><br>〜17：35<br><br><br>17：35〜 | スケジュール<br>　記入と報告<br><br><br><br>キーボード<br><br>今日の活動①<br><br>おやつ<br>CD<br><br>今日の活動②<br><br><br>タブレット（音楽）<br><br>帰りの準備<br>帰る | ボードとマーカーを自分で準備<br><br>※キーボードやCD、タブレットなどの活動の場所は、本人が自分で決めて行う。好きな活動のときは、極力他児と離れた場所で活動可。<br>※今日の活動の進行時間次第で後のプログラムがもっと増やせたり、できなかったりする。よって、時間はその都度記入する。<br>※今日の活動は、<br>タングラム：100問ある課題のうち1回につき2問から3問を目途。解けた課題番号を本人がチェックし、徐々に難易度をあげる。<br>パズル：50ピースから90ピースの数種類のうち、本人が選択。時間内での完成は十分可能。<br>アイロンビーズ、カラーペグ：見本に従って色を判断して順に配置する。20分でこなせないパターンがある。<br>紙箱折り：おやつのときの取り皿として使用。おやつの時間に取り組む。<br>※好きな活動<br>ランニング：移動も含めて40分は必要。<br>　晴天時：公園、雨天時：高架下。 |

※前回より見直した主な留意点を、青字にて明記

## 発達支援のポイント①
### ■満足できる活動と時間の十分な確保（慣れた活動を織り込む）
　活動は、一定時間を費やし丁寧に取り組む、もしくは一定時間内でどれだけの量をこなせるかなど時間や量に変化をつけることができる。また、一定の量や内容を時間短縮できるかとする場合がある。彼にとって「ランニング」は、最も好きな活動でかつ、イライラも解消できるものであった。したがって、その時間を確保するためには、その他の与えられた課題に取り組むことや遂行時間を短縮する動機づけとなった。

## 発達支援のポイント②
### ■天候、職員体制など希望に添えないことも含めて説明、相談（欲求を満たすスパンを把握し、プログラムすること）
　一般的に、彼の好む「ランニング」は天候に左右される活動である。しかし、彼は『走る』ことが楽しみであり、目的なので、天候に関係なく走れることを保障した。
　要求が満たされることが気持ちの安定につながり、支援者との安心できる関係や信頼の前提となる。好む活動を行うために課題に頑張って取り組むのではなく、好む活動をどれ程の量、頻度で提供すると安心するかに重きをおいてかかわることによって、彼の希望に添えない事態も問題なく受け入れることができた。

## 【職員の動きやこの場面における注意点】

> 　彼らの「欲求」は、『こだわり』という言葉にすりかえられてしまうことが多いように思う。感覚レベルで楽しむことが多い場合、よりそう見えるかもしれない。活動を遂行するにあたって、褒められる、喜ばれる、満たされることに人を介することがとても大切である。
> 　社会生活や集団活動には人や諸事情との折り合いをつけることが求められる。満たされないことが多いと「欲求」は強くなる。その日そのとき、その場所、そこのスタッフによって満たされてきたことは、情緒的（精神的とまではいかないかもしれない）な安心や安定を養うことになる。
> 　その日ではなくても、そのときではなくても「約束を守ってくれる」「叶えてくれる」となれば、本人の「希望する活動」として他者に相談するきっかけになる。通所して来るや否や「今日は走れますか？」と何度も尋ねられることもしばしばだが、見通しをもつための本人の言動であるため、「今日は無理です」や「○時○分から○時○分なら大丈夫です」と返答するようにしている。

## 07 振り返り、今後の取り組みなど

　自己理解や他者理解、自己肯定や有能感という言葉は、中高生の時期に多く目にする。しかし、これらはその時期に急激に育つものではない。特に自己理解や自己肯定がなければ、本当の意味で他を理解することは難しい。「このような場面ではこのように対応します」といったスキルを頭で理解するしかなくなってしまう。

　子どもは、そもそも人や場所などの影響を大きく受けて育つ。その中でも、どの時期に誰とどんな場所で何を経験したかを積み上げて記憶してゆく特性をもつ彼らは、生活環境などの背景因子にもっとも大きく左右される。障害児通所支援（放課後等デイサービス、児童発達支援等）は、0歳から18歳までの長期にわたり、その場所で一貫して彼らの育ちに寄り添うことができる場所であり、特に民間であれば一定のスタッフが長期にかかわることが可能である。

　「自己理解」とは、そのように長期間をかけて丁寧に育ててゆかなければならないテーマである。

　ピアサポートは、障害特性などの同質性の因子に基づく相互のサポートとしてよく用いられるが、ありのままに過ごせる環境やその特性を出せる環境もピアサポートだと考える。

　放課後等デイサービスは、ピアサポートの場であり、彼ら自身が、安心できる（理解してもらえる）と感じてもらえる場であってほしい。一時的に色々な事業所を利用し、体験し、その上で、自身に合った過ごしやすい場所を見つけてほしいと願う。

# 著者一覧

【編　集】　一般社団法人全国児童発達支援協議会

【執筆者】　加藤正仁
（社会福祉法人からしだね　うめだ・あけぼの学園園長、一般社団法人全国児童発達支援協議会会長）

光真坊浩史
（社会福祉法人ゆうゆう　品川区立品川児童学園園長、一般社団法人全国児童発達支援協議会理事）

古川孝士
（NPO法人さっぽろこどもさぽーと理事長）

片桐公彦
（社会福祉法人みんなでいきる　障害福祉事業部りとるらいふ前事業部長）

最上太一郎
（社会福祉法人菊愛会理事長）

仙波　寛
（児童発達支援センター輝なっせ）

後藤　進
（社会福祉法人グリーンローズ理事長、一般社団法人全国児童発達支援協議会理事）

鈴木美恵子
（放課後等デイサービス・インクル）

石野　強
（NPO法人南大阪自立支援センター理事長）

石野英司
（NPO法人南大阪自立支援センター法人顧問）

山崎あゆ美
（認定NPO法人うりずん管理者）

北川聡子
（社会福祉法人麦の子会　むぎのこ総合施設長、一般社団法人全国児童発達支援協議会理事）

奥村俊哉
（社会福祉法人佛子園 Share 金沢施設長）

中山大規
（NPO法人ステップバイステップ所長）

岡﨑俊彦
（社会福祉法人カナンの園　奥中山学園園長）

廣岡輝恵
（株式会社ナビ代表）

長野　誠
（さぽ〜と navi 豊岡デイサービス）

岸　良至
（一般社団法人わ・Wa・わ理事長、一般社団法人全国児童発達支援協議会理事）

## 障害のある子を支える
## 放課後等デイサービス実践事例集

2017年9月15日　初　版　発　行
2023年2月20日　初版第4刷発行

編　集　一般社団法人全国児童発達支援協議会
発行者　荘村明彦
発行所　中央法規出版株式会社
　　　　〒110-0016　東京都台東区台東3-29-1　中央法規ビル
　　　　Tel 03(6387)3196
　　　　https://www.chuohoki.co.jp/

印刷・製本　　　　　　株式会社太洋社
装幀・本文デザイン　　株式会社アド・クレール

定価はカバーに表示してあります。
ISBN978-4-8058-5560-7

本書のコピー、スキャン、デジタル化等の無断複製は、著作権法上での例外を除き禁じられています。また、本書を代行業者等の第三者に依頼してコピー、スキャン、デジタル化することは、たとえ個人や家庭内での利用であっても著作権法違反です。

落丁本・乱丁本はお取替えいたします。

本書の内容に関するご質問については、下記URLから「お問い合わせフォーム」にご入力いただきますようお願いいたします。
https://www.chuohoki.co.jp/contact/